할머니 할아버지에게
아이를 맡기는
엄마 아빠에게

심리학자 할머니가 알려주는 온 가족 공동육아 솔루션

할머니 할아버지에게
아이를 맡기는
엄마 아빠에게

심리학 박사 조혜자 지음

흔

PROLOGUE

공동육아를 시작하려는 부모들에게

시대가 급격히 변해 아이를 낳기만 한다고 해서 저절로 크는 세상이 아니다. 요즘처럼 코로나19가 끝나지 않은 상황에서는 아이를 어린이집에 보내기 조심스러워 육아의 고충이 더해지고 있다. 요즘 젊은 맞벌이 부모는 아이에게 무조건적인 사랑을 베풀어줄 시간이 부족하다. 아이들이 외롭지 않게 사랑을 받으며 자라기 위해서는 조부모가 나설 수밖에 없는 형편인 것이다. 한 아이가 받는 관심과 배려의 총량은 집안 어른들의 수에 비례한다고 한다. 할아버지, 할머니가 육아에 도움을 준다면, 아이는 부모의 사랑과 더불어 조부모의 사랑까지 듬뿍 받으며 푸근하고 행복한 어린 시절을 보낼 수 있지 않을까.

조부모와 함께 육아를 하기로 마음먹은 부모를 위해 이 책을 쓰기 시작했다. 이 책은 부모 편과 조부모 편으로 나누어져 있다. 아이를 조부모에게 맡기고 직장에 나가면서 불안하고 죄책감을 느끼면서 한편으론 조부모와 어떻게 육아를 함께 해나가야 할지 막막하고, 아이에게 어떤 특성을 길러주어야 할지, 퇴근 후나 주말에는 아이와 어떻게 지내야 하는지 몰라서 당황하는 초보 부모들에게 육아 선배로서 도움을 주고 싶었다. 그리고 요즘 육아법을 잘 몰라 손주를 돌보기 힘들어하고 아이 부모와도 부딪히기 쉬운 조부모들에게 나의 경험을 나누고 어떻게 아이를 보는 게 좋은지 구체적으로 이야기를 해주면 좋겠다고 생각했다. 지금 젊은 부모들 세대와는 전혀 다른 시대, 다른 문화를 살아온 조부모가 이 책을 통해 오늘날의 상황과 육아를 둘러싼 변화를 이해하고, 손주를 따뜻한 가슴을 가진 긍정적인 아이로 키우면 좋겠다는 소망을 가져본다.

코로나19로 인해 갑자기 문을 닫은 어린이집과 유치원 탓에 직장에 나가야 하는 젊은 부모들은 어쩔 줄 몰라 하고, 주변의 많은 할머니, 할아버지는 과거 어느 때보다도 손주를 돌보느라 바빠졌다. 이와 같은 팬데믹 pandemic 상황은 육아에 관한 사안이 공공 기관의 책임으로만 돌려서 해결될 문제가 아니라는 사실을 보여주었다. 이런 상황에서 조부모 육아를 다룬 책이 필요하다는 출판사의 제안은 시의적절하고 그 뜻에 공감이 되었기에 원고 집필을 시작했다. 기회를 준 흔 출판사의 김상흔 대표에게 감사를 전한다.

손주를 키웠던 경험과 육아에 관해 공부했던 이론을 바탕으로 2015년에 『심리학자 할머니의 손주 육아법』을 출판했다. 이 책의 조부모 편에는 그 책의 내용을 수정·보완한 후 인용한 부분이 실려 있음을 밝힌다. 조부모 육아를 통해 다시 한번 육아를 경험하고 이 책의 집필을 가능하게 해준 우리 손자 하송이가 앞으로도 긍정적으로 자기 몫의 삶을 잘 살아주기를 바라면서 감사의 마음을 전한다.

PROLOGUE 공동육아를 시작하려는 부모들에게 005

PART 01 **엄마 아빠 편**

1. 좋은 부모 노릇을 한다는 것
마음을 다하는 육아 020 | 부모 정체성, 자기 정체성 023 | 이상적인 엄마는 없다 026 | 워킹맘을 결심했다면 027

2. 혼자 하는 육아의 우울함
산후 우울의 유형 032 | 수유로 잠 못 드는 밤 033 | 출산의 기쁨과 슬픔 035 | 돌아오지 않는 예전 몸 036 | 사회 복귀에 대한 불안 037 | 에든버러 산후 우울 검사 039

3. 일하는 부모를 위한 속성 육아
울음의 의미 043 | 모유 수유 044 | 기저귀 갈기 047 | 목욕시키기 049 | 재우기 052 | 배앓이 056

4. 36개월까지 키워줘야 할 아이의 특성
신뢰감 060 | 동기 유발 061 | 자기 조절 062 | 긍정성 062 | 공감 능력 064

5. 양육자가 여럿인 아이의 애착 발달
할머니 할아버지를 더 좋아하면 어쩌죠? 068 | 영유아의 애착 070 | 아이마다 다른 애착 유형 073

6. 아이를 이해해야 조부모를 오해하지 않는다
순한 아이 080 | 까다로운 아이 081 | 더딘 아이 082

7. 누가 기르든 결국 부모에게 배운다
양육의 두 차원 088 | 민주적 양육 태도 089 | 독재적 양육 태도 091 | 허용적 양육 태도 092 | 방임적 양육 태도 093

8. 공동육아 준비하기
누구에게? 098 | 언제부터? 099 | 어떻게? 101 | 보상은 어떤 식으로? 105 | 생필품은? 107 | 육아 방식이 다르면? 108

9. 참을 수 없는 애보기의 고단함
밖은 일터, 안은 전쟁터 113 | 그놈의 노키즈존 115 | 스마트폰이라는 필요악 117

10. 고맙고, 미안하고, 불안한 워킹맘에게
아이에게 미안해요 123 | 부모님에게 죄송해요 129 | 당신은 죄인이 아니다 132

PART 02 할머니 할아버지 편

1. 자식의 자식을 돌본다는 것
할머니 가설 140 | 인생 후반기의 의미 142 | 조부모의 시간은 느리다 144

2. 내 아이가 아니라 더 불안한 손주 육아
아프거나 사고라도 나면? 150 | 뒤처지거나 말을 안 들으면? 152 | 조부모는 부모가 아니다 155

3. 내 자식이 아닌, 한 아이의 부모와의 관계
공동육아의 득과 실 159 | 관계의 열쇠는 조부모에게 있다 160 | 보상도 표현도 확실하게 163

4. 그럼에도 당신의 삶이 먼저다
건강 지키기 167 | 관계 지키기 169 | 휴식 시간 갖기 172

5. 본격 손주 돌보기
울리지 않기 177 | 먹이기 179 | 아이와의 스킨십 181 | 뇌가 흔들리지 않게 183 | 낮잠 재우기 184 | 옹알이에 대답해주기 185

6. 할머니 할아버지와의 애착 형성
신뢰 배우기 190 | 낯가림 191 | 안정적인 애착의 영향 194

7. 아이의 특성에 따른 육아 방식
여자아이와 남자아이 200 | 기질에 따른 양육법 203

8. 좋은 습관 길러주기
아이에게 모범 보이기 213 | 아이가 즐거울 때 관심을 줘야 하는 이유 215 | 타인의 고통에 공감하는 아이 218

9. 분노와 공격성 줄이기
매 맞던 아이는 때리는 사람이 된다 226

10. 떼쓰는 아이 다루기
혼자 하겠다고 할 때 233 | 외출할 때 234 | 선택권 주기 236 | 예측하게 하기 237 | 일관성 지키기 239 | 요구를 들어줄 수 없을 땐 241 | 참을성 기르기 242

11. 할머니 할아버지와 함께할 수 있는 놀이
0~3개월 248 | 4~6개월 249 | 7~12개월 251 | 1~2세 254 | 2~3세 257 | 18개월까지 절대 하면 안 되는 것 261

12. 아이의 언어
옹알이와 몸짓 268 | 단어를 문장으로 269 | 문법의 터득 270 | 아이마다 다른 언어 발달 272 | 말이 늦을 때 체크해볼 것 274

13. 쉬와 응가
훈련 전 체크리스트 280 | 배변 훈련하기 281 | 대소변은 아이의 신호다 283

14. 자기 효능감 키워주기
자기 효능감이 성취를 안내한다 288

15. 드디어, 어린이집
분리 훈련 293 | 어린이집 고르기 295 | 아이의 홀로서기를 위해 297

1

좋은 부모 노릇을 한다는 것

"밥은 먹었니? 건강은 챙기고 사는 거야? 반찬 좀 해다 줄까?" 딸들과 통화하면서 염려를 놓지 못하고 묻는 말이다. 이제는 딸들도 중년이 다 되어서 자기 가정을 이뤄 잘 살고 있건만 여전히 뭘 제대로 먹고 사는지, 뭐라도 해주고 싶은 게 엄마 마음이다. 이렇게 마치 태어날 때부터 엄마였던 것처럼 엄마 역할을 당연시하고 중요하게 여기며 살고 있지만, 할머니가 된 나도 처음 딸을 낳았을 때는 '어머니'라는 것이 낯설기만 했다. 아이를 데리고 시장에 가서 누군가 "애기 엄마"라고 부르면 나를 부르는지 몰라 뒤를 돌아보지 않기도 했다. 우리 세대도 그랬으니, 요즘 여성들 역시 출산 후에도 '어머니'라는 호칭이 어색하고 불편할 것이다.

보시오

그리움의 태胎에서 미래의 아기들이 태어나네

그들은 자라서 무엇이 될까

우리들의 아기는 살아 있는 기도라네

딸과 아들로 어우러진 아기들이여

우리 아기에게

해가 되라 하게, 해로 솟을 것이네

별이 되라 하게, 별로 솟을 것이네

우리 아기에게

희망이 되라 하게, 희망으로 떠오를 것이네

그러나 우리 아기에게

폭군이 되라 하면 폭군이 되고

인형이 되라 하면 인형이 되고
절망이 되라 하면 절망이 될 것이네
오, 우리들의 아기는 살아 있는 기도라네

-고정희, 「우리들의 아기는 살아 있는 기도라네」 중에서

아이들이 자라는 모습을 바라보는 건 즐겁고 행복하다. 아이와 눈을 맞추고, 무언가에 닿기만 하면 꽉 오므리는 작은 손에 손가락을 넣어보고, 아이 볼에 얼굴을 비비며 젖내를 맡으면 저절로 미소를 짓게 된다. 이 아기가 내 아이라니! 부모가 되는 것은 참 행복한 일인 듯하다. 너무나 작아 만지기도 조심스러웠던 아이가 점차 뽀얗게 살이 오르고 반짝이는 눈으로 웃음을 짓는 걸 보면서 생명의 경이로움에 순간순간 놀라게 된다. 그러나 그런 순간은 잠시, 시간이 흐를수록 번쩍 안아 올리기 만만치 않은 몸무게를 지닌 채 끊임없이 꼼지락대며 보채고 자기 요구를 해대느라 우는 아이가 그저 예쁘기만 한 존재가 아님을 깨닫게 된다. 아이가 빨리 좀 컸으면 좋겠다고 생각하지만, 커갈수록 발달 단계마다 부모가 감당해야 하는 역할은 점점 만만치 않다.

 부모가 된다는 건 아이를 먹이고 입히고 재우는 등 생존을 책임

질 뿐 아니라 아이의 마음을 다독이고 돌보면서 안정적으로 성장하도록 도와주고, 궁극적으로는 독립적인 인격체로 살아가도록 교육을 시키는 일이다. 아무것도 할 수 없는 상태로 태어난 아이를 사랑으로 돌보며 인간답게 성장시키는 일은 그저 저절로 이뤄지는 것이 아니다. 옛말에 아이들은 자기가 먹을 것을 가지고 태어난다고 했지만, 요즘엔 그런 말이 통하지 않는다. 아이가 태어나 커가는 전 과정, 온 시간에 에너지를 쏟아부으며 돌보고 앞으로의 일을 계획해야 한다. 그 과정을 전부 부모가 스스로 해낼 수 있다면 좋겠지만, 그럴 수 없을 때는 대신해줄 사람의 도움을 받아야만 한다. 특히 부모가 모두 직장생활을 하고 있다면, 안심하고 아이를 맡겨 사랑으로 키워줄 어른을 찾게 되고, 자연스레 조부모에게 기대하게 된다. 그러나 아무리 조부모가 아이를 잘 봐준다고 해도 결국에는 부모가 아이에 관한 책임을 져야 한다.

 모든 부모는 자기 아이가 행복하고 유능한 인간으로 자라기를 소망하면서 양육한다. 과거와 달리 요즘 부모들은 아이의 다양한 능력을 개발하기 위해 과학적인 발달 이론에 따라 시기에 맞게 아이에게 적절한 자극을 제공하고 훈련을 돕는다. 또한 일찍이 사교육 시장에 뛰어들고, 아이의 시간을 비롯한 모든 것을 관리한다. 아이가 치열한 경쟁 사회에서 살아남아야 하기에 부모들은 좋은 정보를 바탕으로 치밀하게 계획을 세우고 교육시킨다. 부모가 직장에서 열심히 일하며 돈을 버는 이유 중 하나는 자녀에게 좀더 좋은 교육의 기회를 마련해주기 위해서일 것이다.

최근 많은 사람이 경제력을 자존감의 원천으로 삼고, 돈이 인생의 주인인 듯 여긴다. 빈부격차가 심화되고, 청년들의 취업이 날이 갈수록 어려워지고 집값은 상상을 초월할 만큼 폭등해 결혼을 포기하는 경향을 보인다. 대다수의 청년들은 개인이 아무리 노력해도 계층 사다리를 올라가기 어렵다고 생각한다. 2020년도 KDI여론 조사에 따르면, 한국의 30대 중 다수가 성공을 위한 가장 중요한 요인으로 집안 배경을 꼽았고, 개인의 노력만으로 사회경제적 지위가 높아질 가능성은 매우 낮다고 평가했다. 이런 판단은 부모 노릇이란 자녀에게 금수저까지 물려주진 못하더라도 남부럽지 않게 살면서 적어도 교육 하나는 제대로 시켜 자기 앞가림은 하도록 해주는 것이라는 생각으로 이어진다.

하지만 비싼 음식을 먹이고, 좋은 학원을 여러 군데 보내고, 교육 투자에 올인하는 것만이 과연 좋은 부모 노릇일까? 자기 젊음을 다 갈아 넣어 아이를 키웠는데 문제아가 되어버린 아들이 이제는 밉기만 하다는 어느 엄마의 고백은 그것만으로 부모 노릇이 끝나는 것이 아님을 깨우쳐준다. 최근 욕을 입에 달고 사는 아이들이 늘어나고, 학교 폭력의 심각성이 커지고 있는 현실은 무엇을 말하는가? 풍요 속에 결핍이나 어려움을 겪지 않게 아이들을 키우고, 교육에 많은 돈을 투자해 아이들의 학습 능력은 뛰어날지 몰라도 따뜻한 가슴은 없는 헛똑똑이만 길러낸 건 아닐까? 비싼 학원에 보내는 것으로 부모 노릇을 다하고 있다고 위안을 삼을 수 있지만, 정작 아이는 기본적으로 갖춰야 할 인간다움을 배우지 못하고 있을지도 모른다.

 세상이 아무리 모순으로 가득하고 잘못된 방향으로 흘러간다 해도, 자기 아이만큼은 인간답고 행복하게 키우고 싶은 게 부모 마음이다. 오늘날의 잣대로는 경제적으로 뒷받침해주는 것이 아이를 행복하게 키우는 길이라고 생각하기 마련이지만, 그것만이 우리 아이의 행복과 미래를 보장하는 것은 아니다. 뉴스에 자주 오르내리는 금수저 젊은이들의 일탈 행위는 돈이 결코 성공이나 행복의 지표가 아님을 분명히 보여준다.

 저출산 시대에 태어난 아이들이 살아갈 세상은 지금과 같지는 않을 것이다. 앞으로의 세상이 어떻게 변할지 예측조차 어렵다. 갑작스러운 코로나19 팬데믹으로 인해 우리는 이전과 전혀 다른 세상을 경험하고 있다. 이처럼 세상은 너무나 빠르게 변화하기에 오늘날 손꼽히는 직종이나 직업이 미래에도 그 지위를 유지하리라는 보장이 없다. 우리 아이들이 성인이 되는 시점에는 주택이 남아돌고, 현재와 같은 경쟁 구도의 노동 시장이 아닌 자율성과 인격성을 살릴 수 있는 직업이 늘어날 것이라는 전망도 있다. 미래에는 자본을 얼마나 가지고 있는가가 중요한 것이 아니라 긍정적으로 세상을 바라보고 창의적이고 융통성 있게 변화에 적응하는 능력이 경쟁력일지도 모른다. 이런 시대를 대비하는 부모 노릇이란 오늘날 현상에 급급한 채 미래를 불안해하는 것이 아니라 지금 여기에서 '마음을 다해' 아이를 돌보는 것이 아닐까.

마음을 다하는 육아

'마음을 다하는' 부모 노릇은 어떤 것일까? 어떤 일에 마음을 다한다는 말은 그 일을 항상 생각하고 염려하며 관심을 갖는 것을 가리킨다. 부모 노릇에 마음을 다한다는 것도 아이를 항상 생각하고 염려하고 관심을 갖는 것이겠지만, 생각과 관심에 그치는 부모 노릇은 공허할 뿐이다. 마음을 다하는 부모 노릇을 좀더 구체적으로 생각해보자.

먼저, 큰 그림을 그려야 한다. 아이의 인생을 총체적으로 조망하면서 성장 단계마다 길러야 할 품성과 능력이 무엇인지를 생각하고, 각 단계에서 아이에게 가장 적합한 육아 방식이 무엇일지 성찰하는 것이다. 그러기 위해 아이의 기질을 발견하고 발달 과정을 지켜보면서 시기마다 요구되는 양육 방식을 꾸준히 공부해야 한다.

여기에는 여러 선택지가 있을 수 있으므로 가능성을 열어두고 여러 의견을 수용할 필요가 있다.

둘째, 부모 노릇에 마음을 다하는 데는 육아의 내용이 중요하다. 아이 인격의 내용을 무엇으로 채워갈지를 깊이 고민해야 한다. 고정희 시인의 말대로 아이는 부모의 희망이고 기도다. 해가 되라 기도하면 해가, 별이 되라 하면 별이, 인형이 되라 하면 인형이, 절망이 되라 하면 절망이 될 것이다. 부모가 소망하는 그대로 아이 인격의 내용이 되는 것이다. 부모는 자신이 소망하는 방향으로 아이를 양육하기에 그에 따라 아이의 성격과 삶의 태도가 구성된다.

마음을 다하는 부모 노릇의 셋째 요소는 실천이다. 아이 인격의 내용은 부모가 바라고 소망한다고 해서 저절로 만들어지는 것이 아니라 마음을 다하는 실천을 통해 채워진다. 그중 하나는 아이에게 필요한 양육 방식의 구체적인 실천이다. 아이가 울 때 어떻게 반응하며, 아이가 떼를 쓰거나 말을 듣지 않을 때 어떤 행동을 취하는가 같은 것이다. 다른 하나는 부모의 삶 자체가 아이에게 모델이 되어주는 것이다. 부모의 말과 행동은 아이들에게 각인되어 의식하지 못한 사이에 아이의 태도에 영향을 미친다. 신뢰를 길러주기 위해서는 부모가 먼저 아이에게 신뢰감 있는 반응을 보여야 한다. 타인을 배려하고 존중하기를 바란다면 부모가 아이를 인격적으로 존중해주면서 사랑하고, 아이 앞에서 남을 배려하는 모습을 보여주어야 한다. 아이가 자기 인생을 충실하게 살기를 바란다면 부모부터 그렇게 살아야 한다. 스스로 만든 규칙을 지키고 절제하며 직장에서 열심히 일하는 행동, 집에서는 밝고 명랑하게 아이에게 최선을 다하는 모습, 자연과 환경을 지키는 태도, 새로운 것을 배우고 공부하는 열정 등을 부모가 먼저 보여줄 때 아이들은 자연스레 따라 익히고 결국 그런 삶을 살게 된다.

마지막으로, 아이 양육을 위해 마음을 다하려면 부모가 육아를 감당하기 어려울 때 가장 적합한 사람에게 도움을 요청해야 한다. 직장에 가야 해서 조부모에게 양육을 부탁하는 경우 조부모의 형편에 맞춰 즐겁게 감당하도록 환경과 여건을 만든 후 지혜롭게 도움을 청하는 것이다. 그러기 위해서는 우선 부모가 조부모와 좋은 관계를 맺는 것이 중요하다. 육아의 짐을 지고 있는 조부모에게 '마음을 다해' 그 수고를 인정하면서 감사를 표현하고, 긍정적이고 기쁜 마음으로 아이를 돌보도록 기운을 북돋아드려야 한다. 부모가 조부모를 존중하고 배려하는 모습은 아이에게도 본보기가 되어 아이 역시 조부모에게 함부로 하지 않고 존중하게 될 것이다. 그리고 아이를 어떻게 키울지 조부모와 의논하면서 일관성 있는 육아를 함께 해나가야 한다. 지금 아이에게 필요한 육아 방식이 무엇인지를 구체적으로 알려드리면서 겸손하게 부탁드린다면 조부모 역시 '마음을 다해' 긍정적으로 육아에 참여하고 실천할 것이다.

부모 정체성, 자기 정체성

'나는 누구인가?' '나 자신은 누구라고 생각하는가?' 우리는 자신을 소개할 때 이름은 무엇인지, 어떤 일을 하는지, 어디에 사는지 등으로 이야기한다. "내 속엔 내가 너무도 많아"라는 대중가요처럼 우리는 여러 정체성을 지닌 채 살고 있다. 소속된 집단이 많아지고 관계가 다양해질수록 정체성의 수는 더욱 늘어날 것이다. 결혼을 하면 누군가의 아내나 남편, 며느리나 사위라는 정체성이 덧붙여지고, 아이가 태어나면서 엄마 혹은 아빠라는 정체성이 생긴다. 아무리 다양하고 많은 정체성이 있더라도 우리는 자기가 중요하게 여기는 정체성으로 자신을 규정하고, 그 틀 안에서 행동한다. 다양한 정체성 가운데 엄마, 아빠라는 자리는 얼마나 중요하고 또 자기 인생에 어떤 영향을 미치는가?

자기 정체성은 자유롭게 떠올리는 내 생각일 듯하지만, 우리는 스스로 인식하지 못한 채 주변에서 요구하고 기대하는 역할을 바로 '나'라고 규정한다. 사회 전체에 녹아 있는 역할에 관한 고정관념은 자신도 모르게 자기 생각이 되어버린다. 특히 한국은 아버지 역할보다는 어머니 역할에 무게가 치우친 사회라, 아이가 태어난 후 여성에게 어머니 정체성은 매우 중요하게 자리매김한다.

여성들의 경제활동이 활발해지고, 공공의 영역에 여성의 비중이 높아지며 남녀 평등을 추구하는 사회적 분위기가 형성되었다. 하지만 여전히 우리에게는 남자는 '경제 부양자', 여자는 아내나 어머니, 며느리라는 가족 내 역할에 한정된 '가정 수호자'라는 인식이 고정관념으로 자리하고 있다. 특히 아이가 있는 여성은 사회에서 어떤 일을 하든지 항상 어머니 역할을 강요받는다. 여성들이 직장에서 일을 제대로 수행하지 못한다면 "집에서 애나 볼 일이지"라고 핀잔을 듣기 일쑤고, 아이가 아프기라도 하면 만사 제치고 아이에게 가장 먼저 달려가야 하는 사람은 엄마다.

아이는 혼자서 낳고 키우는 것이 아니기에 부부 공동의 책임이지만, 수태부터 임신, 출산, 수유까지 모두 여성의 몸에서 일어나는 일이다 보니 아이에게 부드럽고 사랑스러운 보살핌을 제공해야 하는 사람은 엄마의 몫으로 간주된다. 여성이 아이를 낳았다고 해서 저절로 어머니 정체성이 생기는 것은 아니다. 임신을 하고 마음의 준비를 하면서 태명을 짓고 뱃속의 태아에게 말을 걸며 마음의 준비를 했더라도 막상 아이가 태어나면 엄마라는 사실이 낯설고 어색하기만 하다. 출산 후 병원이나 산후조리원에서 집으로 돌아와 아이와 직접 부대끼면서, 아이 돌보기가 힘들어 쩔쩔매고 우는 아이의 옆에서 따라 울기도 하며 여성들은 점차 엄마 역할을 익혀간다. 워킹맘은 자신의 경력이나 꿈을 어느 정도 포기하거나 조절하고, 시간이 온전히 자기 것이 아니라 일정 부분 아이에게 양보하고 헌신해야 하는 것임을 배워간다. 혼자서 아무것도 할 수 없는 아이를 위해 출산 휴가 기간, 혹은 주말에는 기저귀를 갈아주고, 젖이나 분유를 먹이고, 잠을 재우고, 울면 안거나 업어주는 쳇바퀴처럼 돌아가는 일상에 자신의 시간을 내주어야 한다. 젊음의 시간은 에너지가 넘치고 아이디어가 샘솟으며 다양한 가능성이 열려 있지만, 어머니가 되면 그것을 일정 부분 아이와 나눠 써야 하는 것이다.

아이를 한 사람으로 성장시킨다는 것은 무척 의미 있는 일이지만, 한국 사회는 어머니 노릇이나 육아의 가치를 그다지 높이 평가하지 않는다. 가사 노동이 그렇듯 순환적이고 반복되는 일이 주를 이루기 때문일 것이다. 사회가 인정해주지 않는 일에 자신을 바치는 것은 쉬운 일이 아니다. 그래서 어머니 노릇은 꾸준히 스스로 의미를 부여해야 한다. 그러나 만일 아이가 잘못되었을 때는 어머니나 양육자에게 사회적 비난이 쏟아진다. 출산 후 아이와 상호작용하다 보면, 아이라는 존재는 친밀한 애정을 불러일으키며 한없는 기쁨이기도 하지만 한편으로는 긴장과 짜증을 유발하기도 한다는 것을 깨닫는다. 아이가 예민하거나 성격이 까탈스럽다면 시도 때도 없이 울어대고, 밤에 잠도 자지 않는다. 이런 아이를 사랑으로만 돌보는 것은 쉬운 일이 아니다.

이상적인 엄마는 없다

아이가 태어나면 세상은 아이 주변에서 일어나는 사건을 엄마보다는 아이 중심으로 바라보게 된다. 이상적인 어머니 상은 '아이에게 좋은 게 무엇인지'를 잘 알아채고 만족과 보람을 느끼며 즐겁게 아이를 돌보는 것이다. 우리는 '어머니'라는 단어를 들으면 따뜻함, 배려, 관대함, 사랑 등의 정서를 연상한다. 그리고 그런 어머니가 되는 일이 그리 어렵지 않으리라 예상한다. 어머니가 아이를 돌보고 헌신하는 일은 당연하게 이뤄지는 본능적인 일로 간주하고, 다른 이들이 고마워해야 한다거나 칭찬해야 할 일이 아니라고 여긴다. 어머니에게는 욕망이나 불평, 분노가 있을 수 없고, 무조건적인 사랑을 베풀어야 할 책임만 있는 것이다. 이런 이상적인 어머니 상은 우리 사고에 뿌리박혀서 그에 걸맞게 기대치를 높이고 여성들의 경우 자기 검열을 하도록 만든다.

정신분석학자 카를 융 Carl Jung에 따르면, 인간이 가지고 있는 집단적 무의식에는 '어머니'라는 원형 archetype이 존재해 어머니라면 어떻게 행동해야 한다는 고정된 틀이 있다. 어머니의 원형에는 두 가지 유형이 존재하는데, 하나는 보편적이고 이상적인 어머니로, 어떤 대가를 치르더라도 자기를 희생하여 자식을 돌보고 양육한다. 다른 하나는 그와 반대로 자식을 괴롭히거나 유기하는 어머니로, 신데렐라, 백설공주, 헨젤과 그레텔의 이야기 속 계모가 대표적이다. 사람들이 흔히 좋은 엄마, 나쁜 엄마를 이분법적으로 구분하는 것도 이 때문이다.

워킹맘을 결심했다면

"나는 누구이고, 어떤 어머니인가?" 아이를 떼어 놓고 직장에 복귀해야 하는 워킹맘들이 죄책감을 가진 채 스스로에게 자주 묻는 질문이다. 그러나 직장에 나가지 않고 아이 곁에 계속 있는다고 해서 완벽하게 좋은 엄마가 되는 것은 아니다. 오히려 자기 꿈을 포기하고 어머니라는 정체성에 자신을 쏟아붓는 데서 오는 허탈함으로 괴롭기도 하고, 하루 종일 긴긴 시간을 고립된 공간에서 오직 아이와 지내는 지루함은 사랑으로만 아이를 돌보기 어렵게 한다. 물론 전업맘에게도 자신만의 시간을 가지고 충전할 시간이 필요하다.

세상은 바뀌었다. 아내나 어머니처럼 가족 내 역할로 자기 정체성을 규정하던 여성들이 더 넓은 사회 속에서의 자아를 중시하고 있다. 직장을 포기하지 않고 워킹맘이 되기로 결심했다면, 직장에서는 직업인으로서 최선을 다하고 아이를 대할 때는 어머니로서 마음을 다해 사랑을 듬뿍 주면 된다. 직장생활에서 자아를 실현하며 만족한다면 그 긍정적 에너지를 가족들에게 발휘할 수 있기도 하다. 아이들이 자라면 사회에서 자기 역할을 다하는 엄마를 자랑스러워 할 것이다. 남성들 역시 집에서는 아버지로서의 정체성을 중심에 두고, 다정하게 아이를 돌보고 즐겁게 놀아주며 육아에 적극 참여해야 한다. 부모의 모습을 보면서 딸과 아들은 자연스레 성 평등을 배우고, 긍정적이고 열심히 인생을 사는 태도를 닮아갈 것이다.

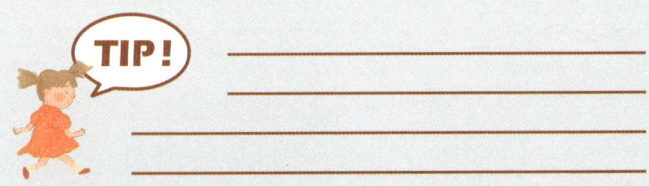

- 아이가 태어나 '부모'가 된 당신, 정말 대단하고 훌륭한 일을 해냈어요. '엄마' 혹은 '아빠'라는 새로 생긴 자기 정체성에 대해 생각하고 부부끼리 이야기해봐요.

- 아이 인생에 관해 큰 그림을 그려보고, 어떻게 육아를 할지 고민해요. 그리고 실천하는 것, 그것이 바로 '마음을 다해' 아이를 키우는 법일 거예요.

- 엄마, 아빠의 모습은 우리 아이가 살아가는 데 롤모델이 될 거예요. 아이에게 바라는 그대로 먼저 모범을 보여주세요. 아이들은 자연스럽게 따라할 거예요.

- 아직 '엄마'가 된 사실이 믿기지 않기도 하고, 때론 자신이 '좋은 엄마'인지 의심스러울지도 몰라요. 엄마 노릇은 누구에게나 쉽지 않은 일이에요. 전업맘이든 워킹맘이든 자기 자신을 자주 칭찬하고, 의미 부여를 하며 스스로 다독여요.

2

혼자 하는 육아의 우울함

출산 후 딸의 얼굴에서 점점 웃음기가 사라지고 말이 없어졌다. 직장에서 돌아오면 방에 틀어박혀 나오지 않고, 아이에게도 관심이 시들해졌다.
"오늘 힘들었어? 애가 오늘은 나를 쳐다보고 옹알이를 하네. 둘이 한참을 얘기했지 뭐니."
"그래요? 엄마, 나 피곤해서 방에 들어가 쉴게요."
싹싹하고 상냥하던 딸이 아이에게 잠깐 눈길을 주고는 방에 들어가 버린다. 저녁 밥상을 차리는 것을 거들 생각도 하지 않고, 밥도 먹는 둥 마는 둥이다. 딸이 괘씸하다는 생각이 잠깐 들기도 했지만, 내가 둘째를 낳은 후 아파트에서 뛰어내리고 싶은 충동이 들었던 것을 기억해낸다. 아, 우리 딸이 산후 우울증을 겪고 있나 보구나!

아이를 낳고 기르는 엄마는 모두 행복하고 사랑이 넘칠 거라 예상하지만, 뉴스에는 어머니의 아동 학대나 영아 살해, 산모의 자살 시도 등의 사건, 사고가 이따금 전해진다. 산후 우울증에 걸려 낳은 지 13일 된 딸을 안고 투신해 아이만 사망한 이야기를 듣자니 너무 가엾다. 몇몇 사람은 "나쁜 엄마네! 어떻게 엄마라는 사람이 그럴 수 있어?"라고 반사적으로 반응하기도 한다. 하지만 이는 엄마가 된 여성이 겪는 신체 생리적인 변화와 더불어 육아가 주는 긴장과 갈등이 얼마나 심각한 상태까지 이를 수 있는지 보여주는 사례이기도 하다. 일반적으로 관심은 태어난 아이에게만 쏠리고 산모의 상태나 산후 우울증과 같은 문제에는 무관심하거나 시간이 지나면 해결되는 일시적인 현상으로 치부하곤 했다. 최근 산후 우울증으로 인해 극단적인 사건이 연이어 일어나고, 유명 연예인들이 방송을 통해 자기 인생에서 가장 힘든 경험이었다고 고백하면서 사회적으로 눈길을 끄는 문제가 되었다.

산후 우울의 유형

정도에 따라 산후 우울 기분 장애와 산후 우울증, 산후 정신병으로 나눌 수 있다. 산후 우울 기분 장애는 출산 후 약 85퍼센트에 달하는 여성들이 경험하는 기분 변화로, 이유 없이 기분이 침체되고 불안하기도 하며 자주 울고 싶어지는 것이다. 불면증이 동반되기도 한다. 분만 후 2~4일 후 증상이 나타나 2주 정도 지나면 자연적으로 호전된다. 산후의 우울한 기분은 호르몬 변화와 관련 있다. 임신을 유지하는 동안 최고로 분비되던 여성 호르몬이 급격하게 감소하기 때문이다. 어떤 여성들은 출산 이전부터 기분의 변화를 느끼기도 한다.

산후 우울 기분 장애가 나아지지 않고 일상생활에 영향을 미칠 정도로 지속되면 산후 우울증으로 진단한다. 산후 우울증은 부적절한 감정, 불안, 실망, 에너지 부족, 수면 장애, 아이에 대한 감정의 변덕 등으로 나타난다. 한국 산모들 가운데 10~20퍼센트가 경험하는 것으로 알려져 있다. 산후 우울증은 개인의 호르몬 변화뿐 아니라 여러 사회심리적인 요인이 복합적으로 작용해 생기며, 1년 이상 지속되기도 한다.

산후 정신병은 산후 우울증보다 더 심각해 입원이나 약물 치료가 필요한 정신과적 질환으로, 약 0.1~0.2퍼센트의 산모가 겪는다. 정서적으로 불안정하며 분노 반응, 망상, 환상, 환각, 집중력 결여 등을 경험하고, 일상생활을 제대로 할 수 없는 상태로, 자살이나 영아 살해라는 극단적 결과도 초래할 수 있다.

수유로 잠 못 드는 밤

산후 우울증을 유발하는 여러 심리적 요인 가운데 가장 비중이 큰 것이 양육 부담이다. 결혼 후 남편과 아내가 둘의 관계에 서로 적응하느라 긴장을 하게 된다면, 출산 후에는 세 사람이 상호작용하는 한층 복잡한 가족 구조가 형성된다. 아무것도 스스로 하지 못하고 울음으로 보살핌을 요구하는 아이의 존재는 성인들이 말이나 글로 생각을 나누고 의사소통하는 것과는 전혀 다른 차원의 관계를 필요로 한다. 아직 부모라는 정체성에 익숙해지지 않은 채 아이를 돌보는 기술도 없어서 모든 일에 서툴기 짝이 없는데, 아이가 자꾸 울어대면 피로가 쌓이고 무기력해지며 스트레스가 쌓이기 마련이다.

직장에서 제아무리 전문적인 일을 능숙하게 해내는 사람이라도 아이를 돌보는 일만큼은 쉽지 않을 수 있다. 아이를 출산하고 보살피는 것은 따로 교육을 받지 않아도 누구나 잘 해내는 자연스러운 일이라고 생각했는데, 이렇게 힘들고 어렵다는 게 좌절스럽고, 자신이 엄마로서 자격이 있는지 의심하며 무력감에 빠지게 된다. 남편이 곁에서 지지해주고 도움을 준다면 좋겠지만, 직장 일에 묶여 육아에 참여하지 못한다면 갑작스러운 '독박 육아'에 의욕을 상실할 수밖에 없다. 나만의 아이가 아닌데 혼자 책임을 떠맡는 것 같아 억울하고 슬퍼진다. 만약 부부관계가 나쁘거나 고부 갈등이 심하거나 자신을 전적으로 지지해주는 사람이 주변에 없을 때는 더욱 우울증에서 헤어나기 어렵다.

양육 부담 중에서도 수면 부족과 모유 수유의 어려움이 산후 우울증을 심화시킨다는 연구가 최근 발표되었다. 산모는 임신 말기부터 태아의 무게 때문에 제대로 자지 못한다. 출산의 고통을 온몸으로 겪고 몸이 아직 회복되지 않은 상태에서 밤낮을 가리지 않고 여러 차례 깨어나 우는 아이를 달래며 수유를 해야 하므로 깊이 잠에 들지 못하고 수면 부족은 장기화 된다. 수면이 부족하면 항상 피곤을 느끼고 출산 후에 신체 회복이 더뎌진다. 또한 몸의 피로는 인지 능력까지 떨어트려 집중력과 민첩성을 저하시키고, 기억력도 나빠지게 하며 정신을 멍하게 만들 수 있다. 이런 상황에서 초보 엄마가 아이의 울음이 무엇 때문인지 바로 알아내 달래주는 일은 더더욱 쉽지 않다. 장기적 수면 부족은 스트레스를 유발하며 우울증으로 이어지고, 심한 경우 극단적인 생각을 하게 만들기도 한다. 산모를 지지하고 지원하는 방법 중 하나는 산모가 질 좋은 수면을 취할 수 있도록 아이를 봐주는 것이다.

출산의 기쁨과 슬픔

대부분의 여성은 임신의 기쁨에 대해서는 많이 들어보지만, 고통을 극복하거나 자존감을 회복하는 방법은 거의 훈련받지 못한 채 출산에 임한다. 의료진에게 둘러싸여 홀로 분만실에서 출산하는 고통스러운 과정은 여성이 다시는 아이를 낳지 않겠다고 다짐하게 되는 사건이다. 특히 난산을 겪었다면 그 고통의 흔적은 여전히 몸에 남아 있다. 그렇게 출산이 끝나고 아직 몸과 마음을 추스르지 못한 상태에서 신생아를 돌보게 되면서, 불안감이나 초조함을 느끼고 나아가 자신이 불행하다고 생각하면서 산후 우울증으로 이어질 수 있다. 출산 후 산후조리원에서 지내면서 자신과 비슷한 상황의 산모들과 이야기를 나누며 관계를 맺고 전문가에게 아이 다루는 법을 배운다면 좀더 적응하기 쉬울 것이다. 아이를 출산한 후에는 친정 부모나 시부모가 적극적인 위로와 지지를 보내고 육아를 돕기 시작해야 하며 무엇보다 남편의 정성 어린 보살핌이 필요하다. 아이에게 가장 중요한 인생의 첫 시기가 엄마의 산후 우울증으로 인해 방치되지 않도록 주변에서 적극적으로 도와야 하고, 산모 역시 주위 사람에게 도움을 요청해야 한다.

돌아오지 않는 예전 몸

출산 후 직장에 바로 복귀해야 하는 산모나 그동안 외모를 중시해 온 여성의 경우에는 임신과 출산으로 인한 몸매의 변화가 스트레스로 작용하여 우울증으로 이어지기 쉽다. 한국은 사회문화적으로 여성을 외모로 평가하고, 여성이 몸매를 가꾸는 것을 당연하게 여기는 풍조가 만연하다. 많은 한국 여성은 자신의 욕망이나 건강 상태를 중심으로 자기 몸을 바라보는 것이 아니라 다른 사람들에게 어떻게 보일지 신경 쓰며 몸매를 가꾼다. 미인의 조건은 시대에 따라 달라진다. 과거에는 아이를 잘 낳고 기를 수 있는 체형을 선호했지만, 요즘은 날씬한 체형을 자기 관리의 척도로 간주한다. 출산 후 줄어들지 않는 체중, 늘어난 골격, 임부복 외엔 입을 옷이 없는 몸매는 사회적으로 선호되는 날씬한 여성의 몸과는 거리가 멀다. 출산 후 많은 여성은 자신의 몸을 대상물처럼 바라보며 몸매가 출산 이전으로 돌아오지 않아 좌절하고, 스스로를 '아줌마'라고 자조적으로 말하면서 한편으로 남에게 그렇게 불리면 상처받는다. 외모 관리에 신경을 쓰고 싶지만, 아이가 울어대는 통에 제때 밥을 챙겨 먹지 못해 허기가 제대로 채워지지 않고 잠은 쏟아져 피로가 쌓이다 보면 거울만 봐도 스트레스를 받기 마련이다. 외모를 중시하던 여성에게는 그 스트레스가 우울로 쉬이 이어진다. 출산 후 몸에 대한 관점을 바꿔야 한다. 주변의 시선이나 사회적 기준으로 몸을 평가하는 것이 아니라 새로 태어난 아이와 자신의 인생을 중심에 두고 좀더 당당하게 자기 몸을 사랑할 필요가 있다.

사회 복귀에 대한 불안

워킹맘은 출산 후 직장에 다시 나갈 준비를 하면서 아이에게 완벽한 엄마 노릇을 해줄 수 없다는 죄책감에 우울해지기도 한다. 임신 중에는 직장생활도 엄마 노릇도 모두 완벽하게 해내리라 다짐하지만, 아이를 낳은 후에는 두 가지를 다 잘하는 게 쉽지 않음을 몸소 깨닫게 된다. 아이에게는 첫 2-3년이 가장 중요한 시기라고 하는데, 직장에 나가는 엄마 때문에 아이가 제대로 발달하지 못하면 어쩌나 염려한다. 조부모에게 아이를 맡기더라도 직장으로 복귀해서 그동안 손을 놓았던 일을 다시 잘할 수 있을지 걱정하다 보면 산후 우울증에 걸리기도 한다. 그럴 때는 모든 것을 완벽하게 해내는 슈퍼우먼은 없다고 스스로 되뇔 필요가 있다. 아이를 돌보고 사랑하는 데는 그 시간의 양보다 따뜻하게 대하고 깊이 상호작용하는 육아의 질이 더 중요하다는 점을 기억하고 긍정적으로 생각하자.

이외에도 산후 우울증을 일으키는 여러 요인이 있다. 어머니 역할에 몰입해 자신의 진정한 자아를 잃는 듯한 상실감이 우울증을 야기하기도 한다. 기분이 우울하면 부정적인 생각이 들거나 나쁜 기억이 연쇄적으로 떠오르기 마련인데, 이 때문에 더욱 우울증에서 벗어나기가 어렵다. 출산 후 엄마가 우울증을 앓는다면 잠시라도 육아에서 벗어나 기분 전환을 할 시간이 필요하다. 평소 좋아하는 음악을 듣거나, 더운 물로 목욕을 하거나, 마사지를 받는 것이 도움이 된다. 혹은 헤어 스타일을 바꾸거나 화장을 하고 친구를 만나 맛있는 것을 먹어도 좋다. 여러 노력에도 불구하고 우울증이 지속된다면 시기를 놓치지 말고 전문의와 상담하고 치료를 시작해야 한다.

에든버러 산후 우울 검사

현재의 기분이 아닌 지난 7일 동안의 기분을 가장 잘 표현한 것을 고르시오.

1. 나는 재미있는 것을 보고 웃을 수 있었다.	
(0점) 평소처럼 그럴 수 있었다.	(1점) 평소보다는 다소 덜했다.
(2점) 평소보다 확실히 덜했다.	(3점) 전혀 그러지 못했다.
2. 나는 흥미로운 일들을 기대했다.	
(0점) 이전과 비슷했다.	(1점) 이전보다 다소 덜했다.
(2점) 이전보다 확실히 덜했다.	(3점) 전혀 그러지 못했다.
3. 나는 일이 잘못되었을 때 필요 이상으로 자신을 책망했다.	
(0점) 전혀 그러지 않았다.	(1점) 자주 그러지는 않았다.
(2점) 어느 정도 그랬다.	(3점) 대부분 그랬다.
4. 나는 특별한 이유 없이 근심하거나 걱정했다.	
(0점) 전혀 그러지 않았다.	(1점) 거의 그러지 않았다.
(2점) 때때로 그랬다.	(3점) 자주 그랬다.
5. 나는 특별한 이유 없이 두려움이나 공포를 느꼈다.	
(0점) 전혀 그렇지 않았다.	(1점) 많이 그렇지는 않았다.
(2점) 때때로 그랬다.	(3점) 매우 그랬다.
6. 일상적인 일들을 감당하지 못했다.	
(0점) 이전처럼 잘 대처했다.	(1점) 대체적으로 잘 대처했다.
(2점) 때때로 이전처럼 대처하지 못했다.	(3점) 대부분 제대로 대처하지 못했다.

7. 수면을 취하는 데 어려움을 겪으며 힘들었다.	
(0점) 전혀 그렇지 않았다.	(1점) 자주 그렇지는 않았다.
(2점) 때때로 그랬다.	(3점) 대부분 그랬다.

8. 나는 슬프거나 불행하다고 느꼈다.	
(0점) 전혀 그렇지 않았다.	(1점) 자주 그렇지는 않았다.
(2점) 꽤 자주 그랬다.	(3점) 대부분 그랬다.

9. 나는 몹시 슬퍼서 울었다.	
(0점) 전혀 그렇지 않았다.	(1점) 가끔 그랬다.
(2점) 꽤 자주 그랬다.	(3점) 대부분 그랬다.

10. 나는 자해하고 싶은 생각이 들었다.	
(0점) 전혀 그렇지 않았다.	(1점) 거의 그렇지 않았다.
(2점) 때때로 그랬다.	(3점) 꽤 자주 그랬다.

(점수를 합산해 13점 이상이면 산후 우울증이 의심되므로 좀더 면밀히 검사를 받아야 한다.)

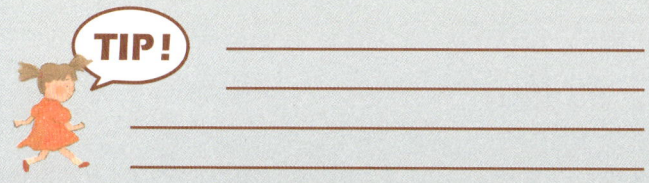

- 아이 보는 게 행복하기도 하지만 지치기도 한다는 것, 모두 당연한 일이에요. 임신과 출산으로 인한 호르몬 변화로 기분이 가라앉고 울고 싶어지기도 할 거예요. 남편이나 친정 엄마, 친구에게 마음의 변화를 이야기해요.

- 아이 보는 일은 잠이 부족해서 더욱 힘들 거예요. 주변 사람들에게 도움을 받아 잠시 육아를 내려놓고 푹 잘 수 있는 시간을 정해요.

- 매일 반복되는 일상에 지친다면 기분 전환을 할 날을 정해요. 잠깐 혼자 티 타임을 갖거나 친구를 만나 수다를 떨 시간이 필요해요.

- 마음이 너무 답답하거나 아무도 이해해주지 않는 듯하거나 눈물이 난다면 전문가의 도움을 받아보는 것도 좋아요(에든버러 산후 우울 검사를 참고해본 후 상담을 받아보세요).

3

일하는 부모를 위한 속성 육아

"물 온도는 맞는 거야?"
"아기는 이렇게 안는 게 맞지?"
"거즈에 비누 좀 묻혀줘"
"아기 옷은 잘 펼쳐놨지?"
손자가 태어나 처음 목욕을 시키면서 나와 딸, 사위가 쩔쩔매며 나눈 대화다. 화장실 바닥에 큰 대야, 작은 대야, 물통을 모두 동원해 따뜻한 물을 채워놓고, 아이를 큰 대야에 담그고 비누칠한 후 헹구고, 다른 대야로 옮겨 비눗기를 빼주고, 물통의 물을 부으며 다시 헹궜다. 화장실은 그야말로 전쟁터를 방불케 했지만, 어른들의 서툰 목욕에도 아이는 마냥 기분이 좋은지 가만히 있다. 딸과 사위는 아이가 너무 작아서 잘 안기도 어려워했다. 그만큼 서툴렀지만, 아이는 서툰 부모를 이해하고 기다려주는 듯했다.

직장에 출산 휴가를 내고 아이를 출산한 후 2~3개월 동안 신생아를 돌보면서 워킹맘은 어머니 노릇을 본격적으로 시작한다. 아이를 보는 것은 직장에서의 일과 너무나 다른 생소한 일이고, 누구에게나 어렵다. 작고 약하게만 보이는 신생아를 자칫 다치게 할까 조심스럽고, 아이가 우는 이유를 몰라 당황스러울 것이다.

울음의 의미

아기는 울면서 태어난다. 아무것도 스스로 할 수 없는 아기는 자기 의사를 울음으로 표현한다. 배가 고프거나 졸리거나 기저귀가 젖었을 때 등 원초적이고 생리적인 욕구를 충족하기 위해 주로 운다.

갑자기 큰 소리가 나거나 빛이 강하거나 실내 온도가 맞지 않아 춥거나 더울 때도 울음으로써 불편함을 표현한다.

  아기가 우는 대부분의 이유는 배가 고파서다. 수유 후 얼마간 시간이 지났으면, 입술 옆을 톡톡 건드려보자. 입이 돌아오면 배가 고프다는 신호다. 배가 고플 시간이 아닌데도 스타카토 식으로 짧게 끊어 운다면 기저귀가 젖었을 수 있다. 하품을 하며 우는 것은 졸리다는 신호고, 다리를 버둥거리며 배 쪽으로 당기면서 끊임없이 울면 영아 산통을 의심해볼 수 있다. 요즘엔 우는 이유를 알아내는 어플리케이션(크라잉베베)도 있어서 아기 울음을 들려주면 현재 아이의 상태를 분석해 알려주기도 한다.

모유 수유

모유가 좋다는 말은 너무나 많이 들었을 것이다. 모유 수유는 아이와 출산한 엄마 모두에게 좋고, 아이와 엄마의 상호작용에도 도움이 된다고 하니, 출산 휴가 동안에는 대부분의 엄마가 모유 수유를 하려고 한다.

  엄마 자궁 안에서 보호받으며 자라던 아이가 세상으로 나오는 출산 과정은 산모만큼 아이에게도 무척 힘들고 폭력적이라고 한다. 미국 산부인과에서는 출산하자마자 아이를 옷도 입히지 않은 채 엄마의 가슴 쪽에 얹어 심장 소리를 듣게 해 안정시킨다. 젖을 먹는 과정도 이와 마찬가지다. 배가 고프다고 울면서 신호를 보내다가 엄마 품에 안겨 심장 소리를 들으며 젖을 빨면 아이는 자궁 안에서와 같은 안정감을 느낀다. 이런 스킨십과 교감은 엄마 역시 아이와의 연결, 유대감을 느끼게 해 애착의 기초를 이룬다. 만약 모유 수유를 하지 못한다고 해도 양육자가 아이를 품에 안고 먹여야 하는 이유다.

모유에는 아이에게 필요한 영양소가 포함되어 있고 소화시키기 좋다. 무엇보다 출산 후 며칠간 나오는 초유에는 면역 성분이 농축되어 있어서 감염을 예방해준다. 또한 모유에는 DHA와 같은 영양소가 풍부하게 들어 있어서 아이가 태어난 후 1년 동안 급성장하는 두뇌와 신경 조직의 발달을 촉진한다. 그리고 모유는 아이를 위해 엄마의 몸에서 자연스럽게 만들어지는 것이므로 분유보다 아토피 피부염, 천식과 같은 알레르기성 질환을 덜 일으킨다. 그 효과는 모유를 6개월 이상 먹였을 때 더 나타난다고 한다. 그래서 미국에서는 신생아에게 최소 6개월까지 모유만 먹이기를 장려하고, 모유 수유가 불가능하면 철분이 강화된 분유를 먹이라고 권장한다.

모유 수유는 엄마에게도 좋은 효과를 일으킨다. 아이가 젖을 빨 때 분비되는 호르몬인 옥시토신은 모유가 잘 나오게 할 뿐 아니라 자궁을 수축시켜 원상태로 회복하게 해준다. 수유할 때 나오는 또 다른 호르몬인 프로락틴은 스트레스를 조절하는 데 도움을 주는 것으로 알려졌다. 모유 수유는 젖을 빠는 아이도 그렇지만, 엄마 역시 그 과정에서 상당한 에너지를 소비하기 때문에 임신 중 불어난 체중을 줄이고, 산후 다이어트를 하는 데도 도움이 된다. 그리고 배란을 억제해 자연스럽게 피임 효과가 있고, 생리 주기를 조절하는 호르몬의 이상 분비를 막아 유방암과 난소암에 걸릴 가능성을 낮춘다.

 모유 수유를 하면 분유를 타거나 젖병을 삶는 수고를 하지 않아 편하지만, 처음에는 아이와 엄마의 쉽지 않은 노력이 들어간다. 아이는 엄마의 몸에서 젖꼭지를 찾아 입에 물어야 하는데, 초반에는 혼자 하기 쉽지 않으니 엄마가 손으로 도와줘야 한다. 아이를 안은 반대편 손으로 유방을 움직여 젖꼭지가 아이의 입술이나 뺨을 자극하도록 하면 아이가 입을 크게 벌리고 얼굴을 돌린다. 아이에게 내재된 젖을 찾는 반사 행동이다. 이때 유방의 중심이 아이 입에 위치하도록 하고 젖꼭지 가장자리(유륜) 부분까지 입에 들어가게 물려야 한다. 아이는 혀와 아래턱을 이용해서 젖을 빠는데, 처음에는 젖이 잘 나오지 않으므로 힘껏 빨아야 한다. 모유를 빨 때는 젖병으로 먹을 때보다 60배나 힘이 더 든다고 한다. '젖 먹던 힘까지 쓴다'는 말도 여기서 나왔을 것이다. 점점 아이가 빠는 행동에 익숙해지고, 엄마의 몸에서도 젖 분비가 원활해지면 아이는 큰 힘을 들이지 않고도 입으로 들어오는 젖을 꿀꺽꿀꺽 받아먹을 수 있다.

수유 후에는 반드시 아이를 세워 안고 등을 쓸듯이 토닥거려 트림을 시켜야 한다. 그렇지 않으면 젖을 먹으면서 함께 삼킨 공기 때문에 토하기 쉽고, 소화가 되지 않아 힘들어 하기도 한다.

워킹맘이 복직한 후 갑자기 모유에서 우유로 바꾸면 아이들은 젖병을 빨지 않으려 할 수 있다. 출산 휴가가 끝나갈 무렵에는 젖병으로 먹는 연습을 시키는 것이 좋다. 그래야 조부모와 지낼 때 수월하게 수유할 수 있을 것이다.

기저귀 갈기

처음에는 기저귀 갈기도 막막할 것이다. 기저귀를 갈기 위해 배냇저고리를 전부 풀어 헤치거나 아이 몸을 전부 드러내지 않도록 조심하면서 옷 아래쪽을 열어 기저귀가 젖었는지 확인한 다음 새 기저귀로 갈아준다.

1. 기저귀의 벨크로(찍찍이)가 있는 곳이 아래쪽이므로 그 부분을 아이 궁둥이 밑에 펼쳐 놓는다.
2. 아이가 차고 있는 기저귀를 풀고 윗부분을 내린 후 두 다리를 한 손으로 잡고 들어 올린다.

3. ① 소변만 묻어 있을 때는 헌 기저귀를 살그머니 빼낸다. 궁둥이를 좀더 들어 올려 새 기저귀를 아래로 밀어 넣고, 다리를 내린 후 벌려준다.

② 대변을 보았을 때는 다른 곳에 묻지 않게 주의하며 다리를 잡은 반대편 손으로 기저귀를 접은 후, 물티슈로 항문 주변과 궁둥이를 닦아준다. 헌 기저귀를 빼고 엉덩이를 따뜻한 물로 씻어준 후 새 기저귀 위에 눕힌다. 여자아이의 경우 앞에서 뒤로 닦아주어야 요도 감염을 방지할 수 있다.

4. 양 다리 사이로 기저귀 앞 부분을 끌어당겨 배꼽이 있는 곳까지 올리고 벨크로를 너무 조이지 않게 채워준다.

5. 배꼽이 아직 떨어지지 않았을 때는 기저귀 윗부분을 접어서 배꼽에 닿지 않게 한다. 다리 쪽에 있는 기저귀의 고무줄 옆 프릴이 안쪽으로 말려 들어가지 않게 빼준다.

기저귀는 모두 비슷하게 생겼지만, 아이 피부가 예민하면 특정 제품을 착용했을 때 발진이 생기기도 한다. 그럴 경우에는 다른 제품으로 바꿔서 시도해보고, 그래도 발진이 난다면 당분간 천 기저귀를 사용해보자. 천 기저귀는 한 번 사용할 때마다 빨고 삶는 과정을 거쳐야 하므로 번거롭지만, 화학 물질이 들어 있지 않아 아이의 피부 건강에는 더 좋다.

목욕 시키기

아이는 태어난 지 2~3일이 지나 처음으로 목욕하게 된다. 예전에는 태어나자마자 아이를 씻겼지만, 요즘은 신생아를 수건으로 살살 닦아줄 뿐이다. 아이 피부에 붙어 있는 태지가 세균으로부터 아이를 보호하는데, 목욕으로 인해 벗겨질 수 있기 때문이다. 또한 엄마의 자궁 내 온도는 37도 이상이었는데, 목욕을 하게 되면 체온이 떨어져 아이가 체온 조절에 어려움을 겪을 수 있기에 피한다. 아이를 집에 데려온 후에도 특별히 땀을 많이 흘리거나 한여름이 아니라면 신생아의 목욕은 일주일에 3~4회면 적당하고, 한 번에 10분을 넘지 않는 것이 좋다.

엄마 뱃속에서 몇 달간 지내다가 나온 아이는 태내에서 생긴 분비물이 나오기도 하고, 피부의 허물이 벗겨지거나 땀도 많이 나면서 특유의 젖 냄새를 풍기기 때문에 주기적으로 목욕을 시켜주어야 한다. 하지만 아이를 키워본 사람에게도 신생아를 목욕시키는 일은 쉽지 않다. 신생아는 목을 잘 가누지 못하고, 탯줄이 아직 붙어 있기에 다루기 조심스럽다. 게다가 신생아는 온도에 예민하고, 목욕 중에 귓속에 물이 들어가는 경우에는 중이염에 걸릴 수도 있어서 초보 엄마들에게는 여간 어려운 일이 아니다.

목욕을 시키기 전에 우선 아이의 상태가 좋은지 살펴야 한다. 감기 기운이 있는지, 열이 나지 않는지, 피부에 이상은 없는지 등을 살펴본 후 괜찮을 때 목욕시켜야 한다. 수유를 한 다음에는 최소 30분이 지난 후 목욕시켜야 하며, 아이가 잠자기 전에 목욕을 하면 잘 재울 수 있다.

목욕시키기 전 실내 온도는 23~26도에 맞추고, 목욕 수건, 기저귀, 로션, 면봉 등을 준비해두고, 아이가 입을 배냇저고리와 싸개를 미리 펼쳐놓고 목욕 후 금방 몸을 덮을 수 있도록 준비해둔다. 물 온도는 38~40도가 적당한데, 온도계로 맞추거나 팔꿈치로 대보고 뜨겁거나 차갑지 않은 정도로 물을 받는다.

▶ **목욕 순서**

① 옷을 벗긴 후 목욕 수건으로 아이 몸을 덮은 후 왼팔로 몸통을 감싸 안고 아이의 귀에 물이 들어가지 않도록 손으로 귓바퀴를 막으면서 머리를 받친다. 한 손으로 수건에 따뜻한 물을 묻혀 얼굴을 닦아주는데, 눈, 코, 입, 귀의 순서로 살살 문지른다. 비누는 사용하지 않는다.

② 아이용 비누로 거품을 조금 낸 후 머리를 감긴다. 얼굴이나 귓속에 비눗물이 들어가지 않게 조심한다.

③ 그 자세 그대로 수건을 내리고 목과 팔, 가슴, 배를 씻긴다. 목주름 사이사이를 씻어내고 겨드랑이와 가슴과 배도 수건으로

살살 닦아준다. 아직 탯줄이 달려 있을 때는 배꼽 부분에 물이 닿지 않도록 조심한다.

④ 아이를 뒤집고 겨드랑이에 손을 넣어 가슴을 받치며 아이가 기댈 수 있게 한 후 등과 엉덩이, 다리, 생식기를 씻긴다.

⑤ 아이를 욕조에서 꺼내 목욕 수건 위에 누인 후 물기가 남지 않도록 꼼꼼하게 주름 사이사이까지 닦아준다. 오일이나 로션을 부드럽게 발라주고 옷을 입힌 다음 면봉으로 귀와 코의 이물질을 살살 닦아낸다.

재우기

아이가 자는 동안 아무것도 하지 않는 것처럼 보이지만, 수면 상태의 뇌에서는 많은 일이 벌어진다. 수면은 신체를 회복하고 뇌 속의 노폐물을 청소하며 면역력을 높이는 기능을 한다. 일반적으로 수면은 약 90분을 주기로 선잠에서 점점 깊이 잠드는 5단계(1~4단계와 렘REM수면)를 거치며 밤새 4~5회의 주기를 반복하는데, 아이들은 그 주기의 전환이 좀더 짧다. 그중 렘수면(빠른 눈 운동이 일어나는 수면) 동안에는 꿈을 꾸고 낮에 경험하고 학습한 정보들을 정리해서 기존의 기억과 연결시켜준다.

신생아들 역시 잠을 자면서 뇌 신경을 형성하고 뇌를 발달시킨다고 알려져 있다. 신생아는 하루 18시간가량 자는데, 첫 1~2개월 동안 수면 시간의 절반은 렘수면이 차지한다. 렘수면에 든 아이가 꿈을 꾸는지는 알 수 없지만, 뇌파 활동이 활발하고, 뇌 신경이 자라는 것으로 밝혀졌다. 이 시기에는 2~3 시간마다 깨어나 젖을 먹는다. 2~6주 차에는 약간 잠이 줄어 14~16시간 정도 자며, 8주 차에 이르면 낮보다 밤에 더 많이 자고 밤중 수유는 줄어든다. 6개월 정도 된 아이는 밤에 10~11시간 동안 자고 낮잠은 아침에 한 번, 오후에 한 번으로 줄어들며 렘수면의 비중 역시 전체 수면의 25~30퍼센트로 감소한다. 18개월 된 아이는 오전에는 거의 잠들지 않고 오후에 한 번 낮잠을 자며 밤에는 10시간가량 잔다. 이런 패턴은 약 3세까지 이어진다.

▶ 수면 훈련

수면은 아이의 뇌 발달에 중요한 영향을 미치므로, 깊이 잘 자야 한다. 수면 훈련을 강조하는 전문가들은 일찍부터 수면 습관을 들여서 다른 사람의 도움 없이 스스로 잠들게 해야 한다고 강조한다.

수면 훈련은 생후 6주 정도부터 시작하는 것이 좋다. 이 시기부터 아이가 밤잠을 길게 잘 수 있기 때문이다. 태어난 지 얼마 지나지 않아서는 아이가 젖을 달라고 울 때마다 수유하면서 재울 수 있지만, 점차(4~6주쯤에는) 젖을 물고 자거나 안긴 채 잠드는 습관을 들이지 말자. 안거나 업어서 재우기 시작하면 수면 훈련이 점점 힘들어져, 복직 후 직장에 다녀온 부모의 잠을 망칠 수 있다. 아이가 졸려 하는 시간대를 알아내서 정해진 시간에 같은 자리에서 재우고, 어떻게 해줄 때 아이가 잘 잠드는지 적당한 방법을 파악하면 좋다. 아이를 잠자리에 눕힌 후 가까이 누워서 토닥이면, 엄마의 심장 소리를 들으면서 안정될 것이다. 그리고 작은 소리로 이야기를 들려주거나 토닥토닥 해주거나 동화책을 읽어주거나 자장가를 불러주거나 하는 등의 일정한 행동을 매일 15분 이상 반복하면서 잠이 들 때까지 기다린다. 처음에는 아이를 눕히면 울면서 보채겠지만, 잠시 안아준 후 다시 눕혀 토닥이면서 잠이 들도록 유도해야 한다. 자다가 깨서 칭얼댈 때마다 아이를 들어 올려 안아주거나 젖을 주거나 하면 잠에서 완전히 깨버릴 수 있다. 그럴 때는 아이를 다독여주면서 옆에서 누워 함께 호흡해주는 것이 좋다.

▶ **부모와 함께 잠들기(영아 돌연사 방지)**

아이는 자다가 수시로 깨어나 칭얼대고 울기를 반복한다. 직장에 가야 하는 부모가 아이와 같이 자면, 밤에 제대로 잠들지 못해 좀비 같은 얼굴이 되기도 한다. 그렇지만 부모와 같은 잠자리에서 함께 자는 것이 아이의 애착 욕구를 더욱 잘 충족시켜주며 안정감을 준다고 한다. 그래서인지 부모와 같이 잠을 잔 아이가 어릴 때는 물론이고 성인이 되어서도 훨씬 건강할 확률이 높다. 아이들은 혼자 잘 때보다 부모와 같이 잘 때 더 자주 깨지만, 곁에 어른이 있는 것을 확인하고 금방 다시 잠에 빠져든다.

 부모와 함께 자면 영아 돌연사 증후군을 낮추는 효과도 있다. 영아 돌연사 증후군이란 생후 6개월 이전의 영아가 잠을 자다가 아무 이유 없이 갑자기 사망하는 것을 가리킨다. 정확한 이유를 알 수 없지만, 따뜻한 방에서 엎드려 잘 때 이런 일이 발생하곤 해서 요즘에는 아이를 엎드려 재우지 말라고 권고한다. 아이가 뒤척이다가 엎드린 자세에서 숨이 막혀 돌연 사망하는 경우가 있기에 푹신한 이불이나 요에 눕혀 혼자 재우는 것은 위험하다.

 2~5개월이 된 아이에게 돌연사가 많이 나타나고, 엎드리지 않고 바로 누워 자는 경우에도 사고가 발생하는데, 최근 발표된 이론에 따르면 어린아이들은 호흡 기관이나 뇌의 호흡 중추가 아직 덜 발달되었기에 숨이 막혔을 때 조절하기 어려운 것이 그 원인이라고 한다. 아이들은 호흡하는 법도 연습해야 하기에 부모와 함께 자면서 호흡하는 법을 배워야 한다. 아이는 부모의 곁에서 규칙적이고 반복적인 숨소리를 들으며 자기 얼굴로 내뿜어지는 따뜻한 숨을 느끼고 냄새를 맡으면서 숨 쉬는 법을 배운다.

배앓이

생후 3~4개월 이내의 아이가 심하게 계속 울면 배앓이라고도 불리는 영아 산통을 의심해봐야 한다. 영아 산통은 특별한 병은 아니지만, 아이가 매우 괴로워하며 발작적으로 울고 보챈다. 두 손을 움켜쥐고 두 다리를 배 위로 당기거나 다리를 굽혔다 펴기를 반복하며 오랫동안 운다. 하루 3시간, 일주일에 3회 정도 이런 울음이 지속될 수 있다. 영아 산통은 모유 수유를 하는 아이보다 분유를 먹는 아이들에게 더 많이 나타나는데, 소화 기관이 덜 발달했거나 우유가 아이에게 잘 맞지 않아서 고통스러워 할 수 있다. 워킹맘이 직장에 복귀하기 전에 아이에게 맞는 우유를 잘 선택해야 할 또 하나의 이유다. 수유 후에는 꼭 트림을 시켜주고, 아이가 영아 산통으로 우는 듯할 때는 따뜻한 손으로 배를 마사지해주고 등도 쓸어주는 것이 좋다. 일주일에 3회 이상 이런 증세가 나타나면 병원에 가봐야 한다. 이런 증세는 대부분 생후 4개월이 지나면 사라진다.

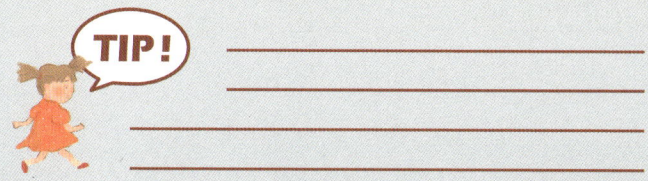

- 아이 돌보기는 처음 해보는 일인 만큼 당연히 모든 것이 서툴고 누구나 그렇답니다. 아이가 자꾸 울더라도 당황하지 말고 차분히 울음의 의미를 찾아보아요.

- '젖 먹던 힘까지 쓰는' 우리 아이, 품에 안고 수유하다 보면 스킨십과 교감이 이뤄질 거예요. 다 먹고 나면 아이를 세워 트림시키는 것도 잊지 말아요.

- 목욕물 온도 맞추기, 목욕 순서 등을 아빠도 배우고 익혀서 아이 목욕을 아빠와 함께 해요.

- 자는 동안 자라나는 우리 아이의 뇌, 아이가 잘 자도록 수면 시간대와 장소를 일정하게 유지해요. 아이와 부모 모두 깊이 잘 수 있도록 수면 훈련이 중요해요.

4

36개월까지 키워줘야 할 아이의 특성

"안녕하세요?"
손자가 갑자기 옆집 할머니에게 뛰어가더니 할머니를 꼭 안아드리고 얼굴을 쳐다본다. 평소에 잘 웃지도 않고 뚱한 할머니가 놀라서 아이를 쳐다보더니, 머리를 쓰다듬으며 얼굴에 환한 웃음꽃이 핀다.
"아이고 예뻐라."
알고 보니 옆집 할머니는 약한 치매를 앓고 있어서 이웃에게 관심이 없었다. 할아버지는 이웃들과 잘 지내지만, 할머니는 도통 웃지 않으셨다. 누구도 그 할머니를 기쁘게 하지 못했는데, 두 살배기 손자 녀석이 해낸 것이다. 모처럼 활짝 웃는 옆집 할머니의 모습에 옆집 할아버지와 우리 모두 서로 쳐다보며 함께 웃었다.

사람은 누구나 생리적 욕구와 심리적 욕구를 가지고 있다. 인간의 기본적인 심리적 욕구는 관계성, 유능성, 자율성이다. 관계성은 사람들과 함께하며 좋은 인간관계를 맺고자 하는 욕구로 사회생활의 기초가 된다. 유능성은 자기 능력으로 맡은 과제를 잘 수행해내려는 욕구로, 학업이나 직업 수행에 기반이 된다. 자율성은 자기 행동과 계획을 스스로 결정하고 자신을 조절하려는 욕구로, 독립적인 삶에 필수적인 것이다. 인간은 이런 기본적인 욕구를 채우려 하고, 그것이 충족될 때 안녕하다고 느끼며 행복한 삶을 살아간다.

심리적 욕구를 충족시키는 데 필요한 능력과 품성은 언제 길러 줘야 하는 것일까? 인생 초기 3년간 인간의 뇌는 폭발적으로 발달한다. 출생 후 12개월 동안 뇌의 40퍼센트가 급격하게 발달하고, 36개월까지 70퍼센트, 6세에 이르면 뇌 발달의 90퍼센트 정도가 완성된다. 특히 감정을 주관하고 다른 사람과 유대감을 형성하는 뇌의 영역은 이 시기에 주로 발달하므로 인생 초기를 보내고 있는 아이를 잘 보살펴야 한다. 한 연구에 따르면, 전반적인 인간 발달 과정에서 영유아기에 사랑을 쏟아 양육하며 성장시키는 것이 가장 투자 가치가 높다고 한다. 영유아기에 사람을 사랑하고 배려하는 성품과 규칙을 지키고 자신을 절제하는 능력을 기른다면, 성인이 되었을 때 나타날 질병이나 저지를 수 있는 범죄, 사회적 문제로 인한 비용을 줄일 수 있다는 것이다.

그렇다면 관계성, 유능성, 자율성을 만족시키며 좀더 행복하고 안정적으로 살아가기 위해 인생 초기에 길러줘야 할 능력과 특성은 무엇인지를 살펴보자.

신뢰감

인생의 가장 초기에 배워야 하는 것은 신뢰감이다. 아이는 자기 요구에 양육자가 반응해줄 것이라는 믿음과 그 반응을 기초로 자신이 가치 있는 사람이라는 믿음을 키워야 한다. 울음으로만 무엇인가를 요구할 수 있는 인생 초기에 자기 표현에 즉각적이고 따뜻한 반응을 받는다면 기본적인 신뢰감을 형성할 수 있고, 이는 이후 인간관계와 사회성의 바탕이 된다. 다른 사람들을 신뢰하며 서로 연결되어 있다는 느낌은 적극적으로 세상에 참여하게 하고, 좌절을 겪더라도 주변에 도움을 청해 다시 일어설 수 있는 힘이 되며, 심리적으로 안정되도록 만든다. 신뢰감을 발달시키지 못하면 상대방을 믿지 못하게 될 가능성이 높으므로 좋은 관계를 형성하기 어렵다.

동기 유발

동기는 어떤 목표를 향해서 행동을 시작하도록 하는 내적인 과정을 일컫는다. 인간은 편안함과 안전을 느끼고 싶어 하지만, 한편으로는 자극을 추구하고 주변을 탐색하며 흥미를 느낀다. 스스로 흥미를 갖고 어떤 일에 도전해 성취하게 되면 그 과정 자체가 의미 있고 즐겁기 때문에 더욱 열심히 노력하게 된다. 아이들은 자신이 안전하다고 느낄 때 주변을 탐색하기 시작하는데, 부모나 조부모와 안정적인 애착을 형성한 경우 그들을 안전 기지 secure base 로 삼는다. 아이가 어떤 것에 흥미를 보일 때 관심을 가져주고, 잘했을 때 응원해주면 아이는 호기심을 갖고 주변을 둘러본다. 그렇게 스스로 탐색하고 세상을 배우며 무언가를 하고자 하는 동기를 키워 나가게 된다.

자기 조절

자기 조절은 자유와 책임, 진실성 등 인간적 가치를 추구하는 데 기본이 된다. 사회에서 함께 살아가려면 자기 마음대로만 하고 살 순 없다. 감정에 휘둘려 자기 조절하는 데 어려움을 겪는다면 친구를 사귀기 힘들고, 사회 속에서 다른 사람들과 살아가기도 쉽지 않다. 자기 조절 능력은 기억과 표상 능력이 발달해 자신이 누구인지를 깨달으면서 발달한다. 따라서 아이의 자아가 발달하면 규칙을 세워주고 바람직한 행동을 격려하고 잘못된 행동은 하지 않도록 자신을 조절하는 방법을 익히게 해야 한다. 자기 조절이 되지 않고 정서적으로 불안정하면 사회성과 학습 능력이 떨어지고, 성인이 되어서도 여러 문제 행동을 보일 수 있다. 자기 조절이란 분노와 짜증 같은 부정적인 감정을 억누를뿐더러 긍정적인 감정을 불러일으켜 신나고 재미있게 스스로 일할 수 있는 능력을 의미하기도 한다.

긍정성

긍정은 개인에게 즐거움을 주는 것 이상으로 인생에 영향을 미친다. 긍정적인 성향은 인간관계와 지적 활동, 건강에 모두 좋은 영향을 준다. 긍정적인 사람은 다른 사람들의 기분까지 좋아지게 만들어주기에 인기가 많고, 타인을 배려하고 인내하며 동정심이 많아 사회적으로도 좋은 평가를 받는다. 또한 긍정적 감정 상태는 지적 활동을 활발하게 하고, 축적한 지식을 바탕으로 새로운 사고와 행동을 할 수 있게 돕는다. 따라서 창의적이고 폭넓은 사고를 하며 도전적이고 탐색적인 활동을 하게 된다. 또한 긍정적인 사람은 신체적으로도 활발하고 활동적이기에 적극적으로 운동에 참여해 건강을 유지하는 경향을 띤다.

긍정적인 성향을 기르는 첫걸음은 안정적인 애착을 형성하고, 아이가 가지고 태어난 강점에 초점을 맞춰 이를 극대화하는 것이다. 아이가 즐겁게 놀 때 함께 웃으며 잘 놀아주면 그 자체로 큰 상이 되어 긍정적인 특성을 유지하게 된다. 긍정적인 태도는 호기심을 품게 하고, 아이로 하여금 새로운 것에 도전하도록 한다. 어릴 때 아이들이 가지고 있는 정서를 잘 살려주면, 그 긍정의 힘은 어른이 되어서도 쓸 수 있는 자산이 된다. 살다 보면 예측하지 못한 역경과 시련이 들이닥칠 수 있지만, 긍정적인 성향을 가지고 있다면 어떤 상황에서도 좌절하지 않고 회복 탄력성을 갖고 다시 도전할 수 있다.

공감 능력

사회적 존재인 사람은 좋은 인간관계를 맺는 것이 중요하다. 그러기 위해서는 다른 사람의 마음을 읽고 같이 기뻐하고 슬퍼해주며 위로하는 능력을 길러야 한다. 아주 어린아이들도 공감 능력이 있기에 다른 사람이 고통스러워 할 때 슬퍼하며, 같은 방에서 다른 아이가 울면 따라 울기도 하고, 다른 사람에게 기쁨을 주려고 먼저 눈을 맞춰 방긋 웃어주기도 한다. 이런 공감은 아이가 받은 사랑과 배려, 애정에 바탕을 둔다. 그러나 감정에 공감을 하더라도 표현하는 방법을 모르면 도와주는 행동으로 이어지지 않을 수 있다. 어른들이 남을 돕는 행동을 자연스레 보여주고 곤경에 처한 누군가를 진심으로 위로해주면, 이런 행동을 보고 자란 아이 역시 공감 능력이 발달하고 인간관계를 풍성하게 맺을 수 있다.

이 모든 특성들은 아이의 인생 초기부터 양육자와 좋은 애착관계를 맺으면서 형성된다.

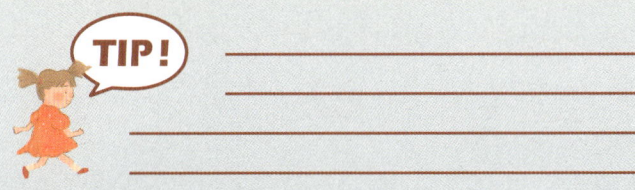

- 지금 우리 아이는 뇌 발달과 동시에 인성을 키우는 아주 중요한 시기를 보내고 있어요. 아이의 요구에 바로, 또 따뜻하게 반응해야 신뢰를 쌓을 수 있어요.

- 즐겁게 노는 아이 곁에서 웃어주며 더 잘 놀게 도와주는 부모가 아이를 긍정적으로 키울 수 있어요.

- 아이가 어떤 것에 흥미를 보인다면 관심을 가지고 응원해요. 이 경험이 아이의 동기 부여에 바탕이 될 거예요.

- 사랑과 배려, 애정을 많이 받고 자란 아이는 남에게도 베풀 줄 아는 어른으로 자랍니다. 아이가 남을 돕는 행동을 배울 수 있게 엄마, 아빠가 먼저 보여주세요.

5

양육자가 여럿인 아이의 애착 발달

"잘 자라 우리 아가, 앞뜰과 뒷동산에."
"잘 자라 내 아기, 귀여운 아기야, 아름다운 장미 너를 둘러 피었네."
밤새 잠을 자지 않고 울어대는 손자를 업고 내가 알고 있는 자장가와 동요를 모두 소환해서 부르고 또 불러주었다. 잠이 든 것 같아 내려놓으면, 눈을 뜨고 엄마가 옆에 있는지 둘러보고는 다시 운다. 돌이 지난 손자를 내게 맡기고 딸은 1박 2일 출장을 가게 되었다. 밤에는 항상 엄마 옆에서 자던 아이는 엄마가 없으니 잠도 안 자고 슬프게 운다. 엄마가 직장에 나가 하루 종일 떨어져 있어도 아이는 나보다는 엄마와 더 강하게 애착을 형성한 모양이다. 그날 밤, 나뿐만 아니라 딸네 옆집과 아랫집 주민들까지 잠을 설쳤다며 다들 무슨 일이 있었느냐고 물었다.

동물의 새끼는 부모의 보호를 받아야 생존할 수 있다. 그렇기에 갓 태어난 새끼는 어미의 생물학적 반응을 끌어내는 신호를 보내거나 어미 곁에서 지내며 보호받으려 한다. 여느 동물과 달리 미숙하게 태어난 인간 아이는 엄마에게 매달리거나 스스로 이동할 수 없고 그저 울음으로 신호를 보낼 뿐이다. 그 신호를 민감하게 알아채고 돌봐주는 사람이 있어야 아이는 인간답게 성장할 수 있다. 이때 따뜻하고 민감하게 보살핌을 받은 아이는 사람과 세상을 신뢰할 수 있지만, 그렇지 못하면 아이의 뇌 정서 회로에 그 경험이 저장되어 무의식적으로 세상을 불신하기도 한다. 의식적인 기억을 담당하는 뇌는 3세 이후에 발달하지만, 정서를 담당하고 무의식적 기억을 형성하는 뇌의 편도체는 그보다 일찍 발달하기 때문이다. 아기일 때 받은 사랑이나 상처를 기억하지는 못하더라도 이후의 인간관계와 사회성에 영향을 미치는 것이다.

할머니 할아버지를 더 좋아하면 어쩌죠?

기억도 하지 못하는 아기 때의 경험이 앞으로 살아갈 인생에 영향을 미치기에 아이가 최상의 사랑을 느끼게끔 해주고 싶은 것이 부모 마음이다. 워킹맘은 출산 휴가나 육아 휴직이 끝난 후 직장에 복귀할 때 아이의 조부모에게 육아를 부탁하면서 죄송한 마음과 더불어 한편으로는 아이를 잘 돌볼 수 있을지 불안한 마음도 든다. 아이를 기른 경험은 자신보다 풍부하지만, 과거 부모님은 애착 육아라는 개념도 모른 채 자녀를 키우지 않았던가. 자신의 어린 시절이 행복하고 따뜻하기만 한 것은 아니었다면, 야단맞고 때론 매라도 맞아 억울했던 기억이 남아 있다면, 자기 아이에게도 자신과 같은 상처가 생기면 어쩌나 하는 염려가 앞설 수 있다.

그러나 오늘날 조부모 세대는 손주가 태어났다는 사실만으로도 기특하고 감사하게 여긴다. 일이 많고 바쁜 젊은 부모가 손주를 돌봐달라고 부탁할 때 조부모가 선뜻 나서는 것은 자식들의 양육 부담을 덜어주고, 귀하게 태어난 손주가 충분히 사랑받으며 행복하고 안전하게 자라기를 바라기 때문이다. 조부모 세대 역시 자식들

못지않게 손주 육아를 잘하고 싶어 한다. 아이를 부모님께 맡긴다면 충분히 대화를 나누면서 요즘 육아법을 알려드리자. 세상을 살아온 경험에 비추어 더 많이 사랑하고 베푸는 데는 조부모들이 전문가가 아닌가.

  어떤 부모들은 조부모에게 아이를 맡기면 아이가 조부모를 부모로 착각하거나 자신들보다 조부모를 더 좋아하면 어쩌나 불안해하기도 한다. 애착이 중요하다고들 하는데, 아이가 부모인 자신들에게는 다가오려 하지 않고 조부모에게만 매달리면 어쩌나 하고 걱정하는 것이다. 하지만 양육자가 여럿일 때 아이는 다양한 애착을 보이고 아이의 사회성도 강화될 수 있다. 육아를 주로 담당하는 조부모에게 안정적인 애착을 보이는 것은 건강한 발달의 지표다. 퇴근한 후에, 그리고 주말에 부모가 아이와 즐겁고 따뜻한 시간을 보낸다면 아이들은 조부모보다 젊고 활기찬 자기 부모를 더 좋아하기 마련이다. 그러니 염려는 뒤로하고, 육아를 맡는 조부모와 육아 방식에 관해 자주 이야기를 나누고 사랑을 표현하는 방식을 함께 공부하며 일관성 있는 태도로 아이를 키우는 데 집중하자.

영유아의 애착

애착은 양육자와 아이 사이에 생기는 강한 정서적 유대를 말한다. 아이는 사람을 알아볼 수 있게 되고 기억력이 생기면서 자신을 잘 돌봐주는 양육자와 애착을 형성해간다. 애착이 형성되고 나면 아이는 양육자와 함께 있을 때 편안하고 안전하다고 느껴 새로운 것들을 탐색해갈 수 있지만, 양육자가 없을 때는 불안을 느낀다. 양육자는 안전 기지가 되어 아이가 세상을 탐색하다가 위험을 느낄 때 기대어 쉴 수 있는 장소와 같은 역할을 한다. 애착 발달 단계를 나누는 방식에는 학자들마다 조금씩 차이가 있지만, 쉐퍼Schaffer와 에머슨Emerson은 다음과 같이 나눈다.

▶ **비사회적 단계(0~6주)**

신생아는 울음 신호로 자신의 불편함을 알린다. 아이가 울 때 어른들은 안아서 진정시키는데, 얼마나 빨리 반응해주느냐에 따라 울음의 빈도는 달라진다. 울음으로써 아이는 양육자를 가까이에 두고 안정을 찾는다. 이 시기 아이에게는 사람과 다른 것을 구분하고 알아보는 능력이 없지만, 4~5주 차가 되면 사람을 보고 가끔 미소를 짓고, 6주에 이르면 사람 얼굴을 좋아하게 된다.

▶ **비변별적 애착 단계(6주~6, 7개월)**

이 시기의 아이는 사람을 좋아해 떨어지기를 싫어하지만, 아직 사람을 구별해 알아보지는 못한다. 낯선 사람에게도 미소를 지으며, 상대방이 웃으면 미소로 답하고 다시 웃어주길 기다린다. 6~7개월에 이르면 자신을 더 잘 달래주는 사람을 점점 알아보게 되며 그 사람이 돌봐주기를 원하고 애착관계를 맺기 시작한다. 양육자가 돌봐줌으로써 불편함이 사라지고, 얼굴을 마주하는 경험을 하면서 아이들은 세 가지를 배운다.

① 자신이 울면 양육자가 반응해준다는 상호성의 규칙
② 자신이 양육자의 행동에 영향을 미칠 수 있다는 효율성
③ 신호를 보낼 때 양육자가 반응할 것이라는 믿음과 신뢰

▶ **특정인 애착 단계(7~9개월)**

이 시기에는 아이가 사람과 음성을 구별할 수 있고, 친숙한 목소리에 즉각적으로 반응해 미소를 짓는다. 이제 기어 다니기 시작한 아이는 양육자 가까이에 있으려고 따라다니면서 양육자가 외출할 때는 저항하며 분리불안을 보이고, 돌아오면 반가워한다. 이 시기 아이는 아직 대상 영속성이 발달하지 않아 자기 눈에 보이지 않으면 대상이 없다고 여기므로 분리에 대한 저항이 심한 것이다. 낯선 사

람을 경계하는 낯가림이 시작된다. 양육자를 안전 기지로 삼아 양육자 곁에서는 낯선 상황에서도 환경을 탐색하지만, 양육자가 눈에 보이지 않으면 행동하기를 꺼린다.

▶ **다인수 애착 단계(9~18개월)**

아이는 주로 자기를 돌봐주고 반응해주는 사람과 최초로 애착관계를 맺지만, 함께 살거나 자주 접촉하는 다른 사람들과도 애착을 형성해간다. 형제자매, 베이비시터 등이다. 18개월이 된 아이는 대부분 여러 사람에게 애착을 보인다. 그중에서 아이는 자신이 보내는 신호의 의미를 정확히 해석하고 빨리 반응해주는 사람을 좋아하게 된다. 상호작용의 양보다는 질이 중요한 것이다. 퇴근 후 잠깐이라도 아이를 사랑으로 안아주고 이야기해주고 아이와 공감하는 양질의 상호작용이 필요한 이유다. 아빠와 지내는 시간이 짧더라도 아이들은 아빠에게 강한 애착을 보이는데, 아빠는 예측 불가능하지만 흥분되는 신체 놀이나 다양한 소리로 재미를 느끼게 하기 때문이다.

아이는 애착을 형성하면서 머릿속에 타인과 자신에 대한 내적 작동 모델 intrinsic working model을 형성한다. 아이가 민감하고 긍정적인 보살핌을 받았다면, 양육자가 항상 도와줄 것이라는 기대를 갖고 자신은 타인으로부터 도움을 받을 만한 가치가 있고 매력적이며 유능한 사람이라는 자기 모델을 형성한다. 반면 따뜻하고 긍정적인 보살핌을 받지 못하고 아이의 요구가 빈번하게 거절당했다면, 스스로를 무능하고 무가치한 사람이라고 여기며 세상은 자신에게 아무도 적절하게 반응해주지 않는 신뢰할 수 없는 곳이라고 생각하게 된다. 이런 내적 작동 모델은 아이의 행동에 반영되어 애착 유형으로 나타난다.

아이마다 다른 애착 유형

아이마다 기질이 다르고, 양육자의 양육 방식이나 태도가 다르기에 아이들이 형성하는 애착의 형태는 제각각이다. 아이를 떼어놓고 잠시 나갔다 들어온 다음 애착 유형별로 아이가 어떤 반응을 보이는지 살펴보자.

▶ **안정 애착**

양육자가 나가고 난 후 아이는 서럽게 울지만, 돌아와 달래주면 안겨서 울다가 이내 울음을 그치고 편안해진다. 아이는 양육자를 믿을 만한 사람이라고 여기며 양육자와 함께라면 낯선 상황에 놓여도 편안하게 이것저것 탐색한다. 양육자가 지속적으로 아이의 요구에 관심을 갖고 민감하게 반응하면 안정 애착을 형성한다.

▶ 회피 애착

양육자가 나가도 아이는 아무 반응을 보이지 않고, 돌아왔을 때도 별다른 반응을 보이지 않거나 상호작용을 피하며 안기려 하지 않는다. 울거나 기뻐하기보다 냉담하고 무심한 척 장난감에만 관심을 보이기도 하지만, 심장 박동수를 재보면 신체적으로는 불행하다고 나타난다. 아이가 잘 표현하지는 못하지만 속으로 감정을 억누르는 것이다. 아이가 울고 보채도 양육자는 돌보지 않고, 아이의 요구가 빈번히 충족되지 않는 경우에 자기 울음이나 의사소통이 소용없다고 믿는다.

▶ 불안 애착

양육자가 떠날 때부터 아이는 기분이 상하고 다시 돌아와도 슬픔을 가누지 못한다. 양육자가 돌아온 후에도 행복한 상태로 회복하지 못하고 양육자에게 매달리고 계속 울거나 화를 낸다. 낯선 상황에 처하면 탐색 활동을 하지 않거나 소극적이고, 양육자가 곁에 있어도 낯선 사람을 경계하며, 양육자가 떨어져 있으면 심하게 스트레스를 받는다. 양육자가 일관성 없이 자기 기분에 따라 아이의 요구에 반응하며, 다른 일에 몰두해 아이가 불러도 대답하지 않다가 크게 울어야 대응하는 경우다.

안정 애착을 형성한 아이들은 자신감을 갖고 세상을 관찰하고 행동하며 자기 마음대로 되지 않을 때는 도움을 기대하며 요청한다. 이들은 성장하면서 긍정적인 태도로 살아가고, 안정적으로 사람을 사귀며, 학업 성취도 우수하고, 성인이 된 후 맺는 이성관계나 부부관계 역시 안정적이다. 이처럼 애착관계는 성격과 행동에 영향을 미칠 뿐 아니라 인지 능력 및 정서적인 자기 조절력과도 연관돼 있다. 반면 불안 애착을 형성한 아이들은 다른 사람에게 지나치게 의존적인 행태를 보인다. 회피 애착을 형성한 아이들 역시 다른 사람과 건강한 관계를 맺지 못할 확률이 높다. 어렸을 때 형성된 애착과 신뢰는 아이가 자라면서 사람과 세상에 대한 믿음을 가지는 데 영향을 미치고, 그 믿음은 행동의 기반이 되며, 그 행동은 다시 우리 경험에 작용하는 과정이 반복되는 것이다.

부모는 아이의 반응을 면밀히 살펴보면서 늦기 전에 안정 애착을 형성해야 한다. 애착 형성은 아이의 기질에 따라 그 과정이 다르기도 하므로 이를 파악해 기질에 맞게 돌봐야 한다. 아이의 기질에 대해서는 다음 장에서 다룰 것이다. 만약 우리 아이가 불안정한 애착을 보인다면, 평소 조부모가 아이에게 잘 반응해주도록 부탁하고,

부모와 시간을 보낼 때 충분히 사랑을 베풀면서 아이의 허전함이나 불안을 달래주자. 또한 아이는 여러 사람들과 저마다 다른 애착 유형의 관계를 맺는 것이 가능하다. 조부모와 그러지 못하더라도 엄마, 아빠가 퇴근한 후에나 주말에 아이와 함께 즐거운 시간을 보내면서 따뜻하게 반응하면 부모와는 안정 애착을 형성할 수 있다.

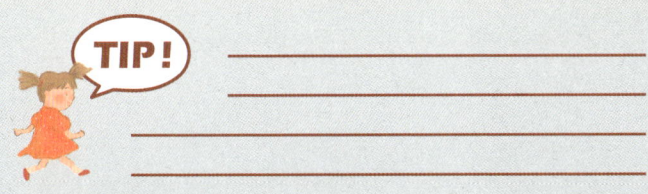

- '몹시 사랑하거나 끌려서 떨어지지 않는 것, 또는 그런 마음'을 가리키는 '애착'은 요즘 육아에 자주 등장하는 말이에요. 아이가 어릴 때 부모(혹은 조부모)와 어떤 애착관계를 맺느냐에 따라 사람을 사귀고, 세상을 살아가는 데 영향을 미친다고 해요.

- 사랑받은 경험은 아이가 기억하진 못해도 무의식에 남아요. 아이와 보내는 시간에는 아이에게만 집중하고 사랑을 많이 표현해주세요.

- 우리 아이가 '회피 애착'이 아닐까? 아이가 울고 보챌 때 무관심하지 않았는지, 아이의 요구를 번번이 들어주지 않았는지 돌아보아요.

- 우리 아이가 '불안 애착'인지 의심될 때, 어른들이 일관성 없이 아이를 대하거나 아이가 크게 울어야 요구를 들어주었다면 그럴 수 있어요.

- '안정 애착'이 형성된 아이는 어른과 떨어졌을 때 울더라도 돌아와 달래주면 금방 울음을 그쳐요. 아이가 무엇인가 요구할 때 민감하게 반응하고 아이에게 꾸준히 관심을 가져야 해요.

6

아이를 이해해야
조부모를 오해하지 않는다

"할머니, 이건 어제 먹던 거 아니에요? 냉장고 냄새나요."
언제부터인가 손자는 냉장고 냄새에 예민하게 반응하기 시작했다. 잘 밀봉한 후 넣은 음식에서 냉장고 냄새가 나다니! 다른 식구들에겐 아무 냄새도 안 난다는데, 손자에게는 우리와는 다른 감각이 발달한 모양이다. 아이 때는 우유도 규칙적으로 잘 먹고, 잘 놀고, 잘 자는 순한 아이였지만, 이유식을 떼고 밥을 먹기 시작하면서 까다로운 식성이 드러났다. 새로운 음식은 시도하려 하지 않고, 자기 취향이 분명해 밖에서 사온 음식이나 제 입에 맞지 않는 음식은 입에도 대지 않는다. 배고프면 먹겠지 하고 몇 번이나 굶겨봤지만, 아무리 배가 고파도 자기가 먹지 못할 음식은 먹지 않고 굶고 만다. 기질은 쉬이 바뀌지 않는 모양이니 나는 포기하고 아이 입맛에 맞는 음식을 만들어준다.

갓 태어난 아이도 고유한 특성과 기질을 가지고 있다. 기질은 생리적, 유전적 요소에 의해 결정되며 잘 변하지 않는 특성이다. 기질에 따라 아이는 외부 자극을 각기 다르게 느끼고 다양하게 반응한다. 아이가 타고난 기질은 양육을 좀더 힘들게 할 수 있고, 비교적 쉽고 편하게 만들 수도 있다. 양육자가 아이에게 영향을 줄 수 있는 것처럼 아이들도 부모나 양육자에게 영향을 미치는 것이다.

 같은 부모를 둔 형제자매라도 기질적인 차이가 있기에 부모로 하여금 다른 방식으로 반응하게 한다. 까다롭고 손이 많이 가는 아이에게는 양육자가 쉽게 짜증을 내거나 불쾌한 태도를 드러내기 마련인데, 이는 악순환이 되어 아이를 더욱더 성마르게 만들 수 있다. 자기 아이의 기질을 이해하고 있지 않으면, 양육을 맡아준 조부모의 육아 부담을 이해할 수 없을 뿐 아니라, 조부모의 양육 방식을 오해할지도 모른다.

 아이들의 기질은 다양하다. 활동적인 아이, 규칙적인 아이, 주저하는 아이, 상황 변화에 적응을 잘하는 아이, 많이 울고 보채는 아이, 수동적인 아이, 대체로 기분이 좋은 아이, 산만한 아이 등등. 토머스Thomas와 체스Chess는 아이의 기질을 연구한 대표적인 학자로, 이런 특성들을 분류해 '순한' '까다로운' '더딘' 세 유형으로 제시했다. 그중 우리 아이는 어디에 속하는지 알아보자.

순한 아이

- 잠자는 시간이 일정하고 재우기 쉽고 깰 때도 보채지 않는다.
- 음식에 대한 거부감이 없고 골고루 잘 먹는다.
- 규칙적으로 배설한다.
- 자신의 욕구가 빨리 채워지지 않아도 보채거나 떼쓰는 정도가 심하지 않다.
- 울고 있더라도 달래면 쉽게 울음을 그친다.
- 새로운 상황에 놓이거나 낯선 사람을 만나도 거부하지 않는다.
- 환경에 대한 탐색이 적극적이고 혼자 잘 놀며 친구들과도 잘 어울려 논다.

- 잘 웃고 표정이 밝다.
- 규칙적으로 생활한다.

까다로운 아이

- 생리적 기능이 불규칙하고 예측하기 어렵다.
- 잠자는 시간이 일정하지 않고 잘 먹지 않으려 한다.
- 새로운 음식을 서서히 받아들이는 편이며 편식을 한다.
- 환경이 변하는 것에 대한 거부가 심하다.
- 낯가림이 지나치게 심하다.
- 새로운 환경에 잘 적응하지 못하고 대부분의 또래가 적응한 이후에야 적응한다.
- 자기가 해달라는 대로 빨리 들어주지 않으면 격렬한 반응을 보인다.
- 매일같이 반복되는 일상적인 일에도 자기 컨디션에 따라 반응의 편차가 크다.
- 사소한 자극에 시끄럽게 울거나 크게 웃는 등 감정 기복이 심하다.
- 자주 울거나 떼를 쓰며 강하게 부정적인 기분을 보인다.

더딘 아이

- 또래에 비해 받아들이는 속도가 느리다.
- 수면과 음식 섭취가 까다로운 아이보다는 규칙적이고, 순한 아이보다는 불규칙적이다.
- 수줍음이 많고 수동적이다.
- 새로운 자극을 회피하고 움츠러들긴 하지만 서서히 적응해간다.
- 반응이 약하고, 활동량이 적다.
- 같은 상황을 여러 번 반복해야 적응을 한다.
- 처음에는 거부했다가 나중에는 적응하므로 일관성이 없는 듯하다.

연구의 분석 대상인 아이들 가운데 순한 기질은 약 40퍼센트를 차지하고, 까다로운 기질은 약 10퍼센트, 더딘 기질은 15퍼센트가량이었다. 세 유형 가운데 어디에도 속하지 않는 나머지 35퍼센트의 아이들은 활동 수준과 긍정적인 정서, 행동의 규칙성 정도가 독특하게 조합된 형태의 기질을 보였다.

기질에 대해 이해하지 못하면, 아이가 양육자의 양육 방식에 주로 영향을 받는 수동적인 존재라고 생각하기 쉽다. 아이들은 자신

만의 기질을 가지고 능동적으로 양육에 영향을 미친다. 순한 기질의 아이는 혼자 잘 놀기 때문에 아이의 요구에 양육자가 주의를 기울이지 못할 수 있다. 까다로운 기질의 아이는 양육자를 좌절하고 지치게 만들어 따뜻하고 일관된 양육을 어렵게 한다. 더딘 기질의 아이는 양육자의 기대 수준에 미치지 못하는 경우가 많아 양육자가 이에 실망해 아이에게 관심을 덜 보이기도 한다. 하지만 그러면 더욱 위축되고 발달이 지체될 수도 있다. 아이의 기질을 일찍 발견하고 그에 맞는 반응을 해줌으로써 발달을 도와야 하는 이유다. 더디고 수줍은 아이가 무엇인가 새로운 시도를 할 때 칭찬해주고 지지해주면 점차 자신감을 가지고 원하는 것을 얻기 위해 행동하며 이를 통해 기질이 변할 수 있다. 그렇지 않고 영유아기 내내 타고난 기질과 관련된 특성이 유지될 경우 성격과 행동 방식으로 굳어져 바뀌기 어려울지도 모른다. 아이의 기질에 따라 어떻게 반응해야 하는지 조부모 편에서 다룰 것이다.

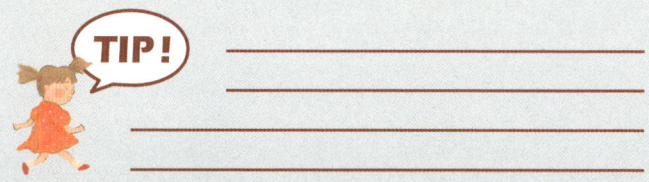

- 어른들도 제각기 성격이 다르듯 아이들도 타고난 기질이 달라요. 우리 아이의 기질이 무엇인지 이해하면 육아하기 더 수월할 거예요. 그리고 할머니, 할아버지에게 그에 맞는 육아를 부탁할 수 있어요.

- 아이들의 기질에 따라 양육 태도나 양육법이 달라져요. 우리 아이가 순한지, 까다로운지, 더딘지 찬찬히 살펴보아요.

- 타고난 기질이 모두 아이의 성격으로 고정되는 건 아니랍니다. 양육자의 반응에 따라 조금씩 바뀌기도 하고, 아이가 자라면서 변화하기도 해요.

7

누가 기르든
결국 부모에게 배운다

"5, 4, 3, 2, 1"
딸이 5부터 거꾸로 숫자를 세기 시작하면, 신기하게도 1이 될 때 손자는 제멋대로 하던 행동을 딱 그치곤 했다. 아이가 규칙을 지키지 않으면, 딸은 카운트다운에 들어갔다. 딸은 내게 "엄마는 아이한테 사랑만 주세요. 야단치는 일은 내가 할게요"라고 일러준 후 손자와 함께 규칙을 정하고 지키게 했다. 아이가 순하기도 했지만 민주적인 방식으로 약속을 정해서인지 아이는 비교적 규칙을 잘 지켰다.
반면 시대 차가 크긴 하지만, 어렸을 때 우리 아버지는 굉장히 엄했다. 집에서 아버지의 말씀은 곧 법이고 규칙이었으며, 우리는 순종이 미덕이라 여기며 살았다. 그 시절 아버지들 대부분이 그랬기 때문에 우리는 그게 당연한 줄 알고 반항하지도 않았다. 내 세대가 겪은 그런 양육법이 대물림되지 않은 건 참 다행스럽다.

일찍부터 아이를 조부모에게 맡기고 직장생활에 매달리는 부모들은 아이에게 미안해하면서도, 조부모에게 모든 것을 맡기고 자신의 부모 역할에는 등한시하기도 한다. 하지만 저녁에나 주말에만 아이와 시간을 보내더라도 아이에게 부모는 특별한 존재다. 부모가 자신을 얼마나 사랑하는지, 혹은 자신을 인격적인 존재로 대하는지 아닌지 아이들은 금방 알아채며 이는 아이의 성장과 발달에 영향을 미친다. 특히 부모의 양육 태도는 아이의 기질과 상호작용하며 아이들에게 영향을 준다.

양육의 두 차원

부모가 어떤 태도로 양육을 했는지는 아동기와 청소년기까지 특히 중요한 영향을 미친다. 양육에는 두 가지 차원이 있다. 하나는 '수용과 반응' 차원으로, 부모가 자녀를 지지해주고 애정을 표현해주며 미소 짓고 칭찬하면서 또 격려하는 것이다. 다른 하나는 '요구와 통제' 차원으로, 부모가 아이에게 규칙을 지키라고 요구하고 아이가 잘못했을 때는 통제하고 벌을 주는 것이다. 두 가지 양육 차원은 모두 필요하지만, 아이의 첫 1년간은 수용과 반응 차원의 양육이 절대적으로 요구된다.

인생 초기에 부모가 주로 '수용과 반응' 차원의 양육을 한 아이는 정서적으로 안정되고, 사람을 좋아하며, 친구들과 좋은 관계를 맺고, 높은 수준의 자존감과 도덕 의식을 갖는다고 한다. 일반적으로 아이들은 애정의 대상인 부모를 기쁘게 하기를 원하면서 부모가 기대하는 행동을 하고, 부모가 좋아하는 것을 학습하는 동기로 삼는다. 반면 육아를 할 때 '요구와 통제'만 강조하는 부모는 자녀의 입장은 고려하지 않고 규칙을 강요하고 이를 어길 시 비난하거나 처벌하기 쉽다.

양육 차원은 몇 가지의 조합으로 양육 태도를 형성한다. 심리학자 바움린드 Baumrind는 부모와 자녀 간의 상호작용을 관찰하고, 양육 방식에 따라 자녀들이 어떻게 성장하는지 연구한 뒤 부모의 양육 태도를 민주적, 독재적, 허용적, 방임적 네 가지로 구분했다. 어떤 부모가 되어 아이를 어떻게 양육할지 자신의 양육 태도를 점검해보자.

민주적 양육 태도

아이에게 사랑을 잘 표현하고 수용적인 태도를 취하면서도 규칙을 따르도록 요구하고 통제한다. 부모가 세운 규칙을 따르게 하기 위해 아이의 입장에서 합리적인 이유를 설명하고, 자녀가 지침에 따를 것이라 확신한다. 어릴 때부터 무조건 "안 돼"라고 말하기보다는 하면 안 되는 이유를 아이가 알아듣기 쉽게 이야기한다. 만약 아이가 친구를 괴롭히거나 때린다면, "친구가 너를 때리면 아프고 슬프잖아. 마찬가지로 네가 친구를 때리면 그 친구도 아프고 슬프겠지? 그러니까 때리면 안 돼!"라고 말해주는 것이다. 또한 아이에게 해야 할 일을 하라고 요구하지만, 일정한 범위 내에서 행동의 자율성을 보장해 아이가 스스로 결정하고 선택할 기회를 제공한다. 예를 들어 잠자기 전에 양치질을 해야 한다고 말할 때 "혼자 이를 닦을래? 아님 엄마랑 같이 닦을래?"라고 묻고 아이가 선택하게 해준다.

아이가 어느 정도 성장하면 규칙을 정할 때 아이의 의견을 묻고 존중하면서 부모의 뜻과 타협하고 조율한다. 민주적 양육은 아이에게 사랑을 표현하고 소통을 중시하며 의사 결정을 할 때 아이의 의견을 수용하고 이를 반영한다. 이런 양육 태도 하에 자란 아이는 독립적이며 자제력과 책임감이 높고, 학업 성취도 역시 높으며 사회적·도덕적 발달이 우수하다.

독재적 양육 태도

아이에게 매우 엄격하며 부모가 세워놓은 일방적인 규칙을 무조건 따르도록 하는 양육 방식이다. 부모는 아이에게 다정하지 않으며, 규칙을 왜 지켜야 하는지 그 이유를 설명해주지 않는다. 반면 아이의 요구는 들어보려 하지 않고 무시하는 경향이 있다. 아이가 말을 듣지 않거나 떼를 쓸 때는 혼을 내며 벌을 세우거나 매를 들기도 한다. 부모가 모든 것을 결정하고 아이에게 부모의 결정에 복종할 것을 요구하는 것이다. 이렇게 아이를 인격적으로 대하지 않고 지배적이며 아이의 자율성을 억압하는 유형의 부모에게서 자란 아이들은 자존감과 자기 신뢰감이 낮을 뿐 아니라 정서적으로 불안하다. 부모의 말에 순종적으로 따르는 아이는 어른으로 성장해서도 스스로 결정하지 못하고 부모에게 의존적인 마마보이, 마마걸이 되기도 하고, 인간관계에 어려움을 겪기도 한다. 또는 반대로 부모를 향해, 또는 다른 사람들을 향해 강한 분노를 품고 반항적인 태도를 보이며 공격적인 행동을 할 수도 있다. 애정을 받지 못한 채 체벌이나 학대를 당한 경우 아이들은 부모의 무자비한 행동을 관찰하고 이를 그대로 모방해 행동으로 옮기는 것이다.

허용적 양육 태도

아이에 대한 사랑은 크고 수용적인 태도를 취하지만, 아이를 통제하지 않는 느슨한 양육 태도다. 아이가 18개월 이하일 때는 무조건 수용해주고 허용적인 양육 태도가 바람직하다. 다만 훈육이 필요한 시기, 즉 규칙을 지키고 자기 조절을 배워야 할 때도 이런 양육 태도를 보이면 아이는 자신을 제대로 조절하거나 통제하는 데 어려움을 겪는다. 이런 양육 태도를 유지하는 부모는 아이가 감정적으로 행동하거나 충동적으로 떼를 써도 모두 받아주며 원하는 대로 행동하도록 허용한다. 또한 아이에게 기본적인 예절이나 올바른 행동, 상식적인 규범을 가르치려 하지 않는다. 통제하지 않는 것을 사랑이라고 잘못 생각하는 태도다. 워킹맘이 자신과 시간을 보내지 못하는 아이에게 미안해하며 이런 태도를 보이곤 한다. 이런 양육 태도 하에 자란 아이들은 자제력이 부족하고 이기심이 강해 공동체 생활에 어려움을 겪을 수 있다. 특히 규칙을 배우는 데 어려움을 느끼기 때문에 감정적이고 충동적이며 때로는 공격적인 행동을 보이기도 한다. 또한 자기 조절이 되지 못하므로 학업 성취에 어려움을 호소하기도 한다. 발달 단계에 따라 지나친 허용은 아이에게 사랑이 아니라 독이 될 수도 있음을 염두에 두자.

방임적 양육 태도

방임적 부모는 아이에게 애정이나 관심이 없고, 아이의 행동을 통제하려는 의지도 없다. 당장 자기 삶을 꾸리기도 벅차 양육에 신경을 쓰지 못하는 부모들이 보이는 태도다. 회사 일이 너무 바빠 늘 피곤한 아빠와 엄마는 아이에게 신경을 쓰지 않고, 아이와 어떻게 놀아줘야 할지 모른다. 주말에도 일에 치여 아이를 방치하다시피 한다. 이런 부모는 아이에 대한 애정이 부족하고 양육에 대한 의지도 강하지 않아서 아이와 정서적으로 교감하지 못한다. 또한 아이에게 무엇인가를 하라고 하거나 규칙을 지키게 하지 않고, 아이가 무엇을 요구해도 들어주지 않고 매사에 둔감하다. 아이들은 자신에게 가장 의미 있는 사람인 부모가 아무 관심을 보이지 않으므로 스스로를 가치 있는 사람이 아니라고 여기고 무력감을 느끼며 자신감을 상실한다. 이 양육 태도는 아이에게 가장 위험하고 부정적일 수 있다.

  양육 태도는 부모의 성격에 따라 영향을 받기도 하지만, 고치기 불가능한 것은 아니다. 아이에게 가장 좋은 양육 태도가 무엇인지 분명하게 알 수 있을 것이다. 부모는 아이에게 당연히 애정과 관심을 가져야 하고, 발달 단계에 따라 적당한 요구와 통제가 필요하다. 사랑이라는 이름으로 지나치게 허용적이거나, 지나치게 억압적이어서는 안 된다는 사실을 기억하자. 양육은 저절로 이뤄지는 것이 아니라 아이와 상호작용하면서 순간순간마다 필요한 반응과 사랑, 관심을 보이고, 적절한 말로 규칙을 따르게 하고, 훈육함으로써 사람다운 사람으로 길러내는 과정이다.

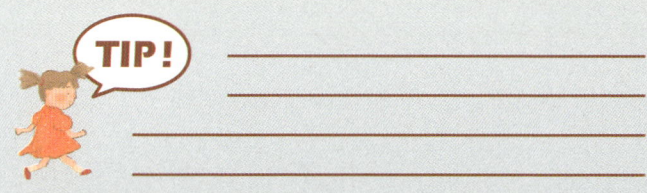

- 아이가 첫돌을 맞기 전까지, 아이에게 미소 지으며 무조건 지지해주고 칭찬하면서 애정을 자주 표현해주세요.

- 규칙을 아이와 함께 정하고 지키기로 약속해요. 아이가 잘못했을 때는 그 행동이 잘못된 이유를 설명해주고 스스로 깨닫도록 도와주세요.

- 수용과 통제에 따른 양육 태도

통제력 \ 수용력	낮음	높음
낮음	방임적 양육 태도	허용적 양육 태도
높음	독재적 양육 태도	민주적 양육 태도

- 물론 아이를 사랑해서 그렇겠지만, 아이가 무엇인가 요구할 때 무조건 들어주거나 혹은 규칙을 따르라고 강하게 통제하는 것 모두 좋지 않아요. 양육 태도는 충분히 바꿀 수 있으니 스스로 점검하고 바람직한 방향으로 나아가도록 해주세요.

8

공동육아 준비하기

"엄마, 나 임신했어요. 아이 낳으면 엄마가 좀 도와줄 거지?"
딸이 좋은 직장에 취직이 되었다고 좋아한 지 얼마 되지도 않았는데, 어느 날 임신을 했다고 도와달라고 했다. '이제 막 취직해놓고 자리잡기도 전에 어쩌려고 벌써 애를 가져?'라는 생각이 들었지만 어쩌겠는가. 어렵사리 자기가 좋아하는 일을 하게 되었는데, 아이 때문에 포기하게 할 수는 없는 것 아닌가?
"그럼, 물론이지. 걱정하지 말고 마음 편히 가져."
내 아이를 키우던 시절, 어린 딸들을 친정에 맡기고 뒤늦게 다시 공부하면서 "여자도 당당하게 자기 일을 하며 살아야 한다. 너희 아이는 내가 길러주겠다"고 약속해왔다. 그래서 딸들은 내가 자기 아이를 당연히 돌봐줄 거라고 믿고 있었다. 손자의 출산을 지켜본 후 나는 딸의 집에 머무르며 육아를 도와주게 되었다.

한국 맞벌이 부부의 비율은 45퍼센트에 달한다. 직장에 다니는 워킹맘은 임신하는 순간부터 아이를 누구에게 맡길지 심각하게 고민한다. 첫돌도 지나지 않은 어린 아이를 어린이집에 맡기기 어렵고, 좋은 도우미를 구하는 일도 쉽지 않을뿐더러 비용도 만만치 않고 아무래도 안심할 수 없기에 대부분 친정 부모나 시부모에게 부탁한다. 맞벌이 부부가 아이를 조부모에게 맡기는 경우는 84퍼센트에 이른다. 가장 안심하며 아이를 맡길 만한 곳이 조부모이기 때문일 것이다. 임신 전부터 아이를 낳기만 하면 자기가 돌봐주겠다고 장담하는 조부모도 있겠지만, 조사에 따르면 조부모 대부분은 본인이 원해서 육아에 나서는 것이 아니라 자식이 부탁하니까 마지못해 손주를 맡아 기른다고 한다.

누구에게?

워킹맘 입장에서는 친정 부모님께 아이를 부탁하는 것이 가장 편하다. 결혼 후에도 친정 부모는 늘 자기편에서 도움을 주시기에 좀 더 쉽게 육아를 부탁하고, 눈치 보지 않고 아이를 어떤 방향으로 키울지 의논할 수 있다. 반면 시부모는 며느리인 자신과는 생활 방식이 다를 수 있고, 어떻게 육아를 하실지 짐작하기 어려우며 아직 서먹서먹하거나 데면데면한 경우가 많아 아이를 맡기는 걸 꺼리게 된다. 친정 부모가 직장생활을 하거나 아프거나 멀리 살거나 돌아가신 경우 등 형편상 아이를 봐줄 수 없는 상황이라면 시부모님께 부탁하겠지만 아무래도 육아 방식에 관해 터놓고 이야기하기는 쉽지 않다.

어떤 아이 부모는 양가 조부모의 성품을 비교해 육아를 더 잘할 만한 분에게 부탁하기도 한다. 혹은 양가 조부모들이 손주를 함께 돌보기로 합의하고, 일주일을 반반 나눠 돌보는 경우도 있다. 이렇게 하면 양가에서 양육 부담을 나눠 지면서 조부모의 시간 활용이나 건강에는 긍정적인 효과를 가져오겠지만, 조부모의 특성이 확연히 다르고 양육 방식에 차이가 난다면 아이가 혼란스러워할 수 있다. 이때는 양육 방식을 조율함으로써 아이가 다중 애착을 잘 형성하도록 도와야 할 것이다.

혹은 조부모와 도우미가 함께 돌보기도 한다. 조부모는 주로 출퇴근 시간에 아이를 돌보고, 아침 9시부터 5시까지 도우미가 육아와 살림을 맡는 것이다. 이런 경우 조부모의 양육 부담이 줄고 자유롭게 자기 활동을 할 수 있으며, 도우미 혼자 아이를 돌볼 때보다 덜 불안하겠지만, 비용이 많이 든다.

조부모 육아는 주로 할머니가 맡지만, 최근에는 은퇴한 할아버지가 함께 육아를 돕는 경우도 늘고 있다. 육아의 부담이 줄어들고, 할아버지가 해줄 수 있는 활동적인 놀이를 통해 아이는 더욱 재미있게 지내기도 하며, 한 사람이 살림을 하는 동안 아이 혼자 두지 않아도 되니 바람직하다. 또한 조부모가 서로 시간을 조절해 육아에 참여할 수 있으므로 한 사람이 아이를 보는 동안 다른 사람은 건강을 돌보는 활동을 하거나 친구를 만나 사회생활을 할 수 있다.

언제부터?

근로 기준법에 따르면 출산 전후로 쓸 수 있는 휴가는 90일, 쌍둥이의 경우는 120일이고, 육아 휴직은 자녀 한 명당 최대 1년까지 쓸 수 있다. 맞벌이의 경우 부모가 1년씩 육아 휴직을 사용할 수 있다. 육아 휴직 동안 급여는 시작일부터 3개월까지는 통상 임금의

80퍼센트(상한액 월 150만원, 하한액 월 70만원), 4개월째부터 육아 휴직 종료일까지 통상 임금의 50퍼센트(상한액 월 120만원, 하한액 월 70만원)를 받을 수 있다(2021년 기준).

워킹맘은 출산 휴가 후 직장에 복귀할지, 출산 휴가를 사용한 후 육아 휴직을 낼지 결정해야 한다. 2019년 육아 휴직을 신청한 사람은 출생아 대비 22.8퍼센트였고, 그중 80퍼센트가 엄마, 20퍼센트가 아빠였다. 출산 후 많은 워킹맘이(약 80퍼센트) 육아 휴직을 선택하지 않고 직장으로 돌아가는 것이다. 육아 휴직 제도가 있어도 눈치가 보여서 사용하지 못하거나 승진에 나쁜 영향을 미칠까 봐 사용하지 않을 수도 있다. 공무원이나 대기업이 아니라면 회사에서 유급 휴가 제도를 시행하지 않기도 한다.

워킹맘이 언제부터 직장에 출근하면서 아이 양육을 부탁하느냐에 따라 조부모가 아이를 돌보는 데 영향을 받는다. 출산 휴가를 마치고 바로 복직하는 엄마의 마음으로는 이제 3~4개월 된 아이를 조부모에게 맡기는 게 안쓰럽겠지만, 이 시기에는 아직 낯가림이 시작되지 않아 오히려 수월하게 육아를 시작할 수 있다. 한 통계에 따르면 조부모 육아는 보통 7~8개월 정도에 시작한다고 한다. 조부모 육아를 계획하고 있다면, 아직 특정인에게 애착을 형성하기 전인 7개월 이전부터 시작하는 것이 서로 도움이 된다. 육아 휴직을 내고 모유 수유를 하고 싶다면, 6개월까지 모유 수유를 끝내고 직장에 복귀하는 것이 좋다. 미국 소아과학회에서도 모유 수유는 6개월까지 하는 것이 좋다고 권장한다.

  반면 아이와 안정적인 애착관계를 맺기 위해 육아 휴직을 1년간 쓰고 복직하겠다고 계획할 수도 있다. 하지만 안타깝게도, 엄마와 애착관계를 맺고 난 다음에는 아이가 엄마와 떨어지는 게 힘들어 엄마가 출근할 때마다 자지러지게 울기도 한다. 그런 아이를 떼놓고 직장에 나가야 하는 엄마도, 달래기 어려운 아이를 맡아 하루 종일 돌봐야 하는 조부모도 모두 힘들고 스트레스를 받게 된다. 그럼에도 1년 정도 육아 휴직을 하며 아이와 애착을 형성하고 복직하기를 고집한다면, 육아 휴직 기간에 미리미리 조부모가 아이와 함께 즐겁게 시간을 보내고 친숙해져야 한다.

어떻게?

아이를 조부모에게 맡기고 직장에 가야 하는 워킹맘은 아이를 키우는 동안에는 조부모와 함께 살고 싶을 것이다. 매번 아이를 데려왔다 데려다 주기 번거롭기도 하고, 집값이나 전셋값도 만만치 않으며 생활비나 살림에 대한 부담도 고려해야 하기 때문이다. 함께 사는 것이 아이나 부모에게 가장 안심이 되고 이점이 많지만, 요즘과 같이 핵가족이 보편적인 시대에 시부모와 함께 살면 며느리가 불편하고, 친정 부모와 함께 살면 사위가 불편한 노릇이다. 그러다 보면 함께 사는 부모와의 갈등으로 인해 부부 사이에 금이 가기도 한다. 또한 조부모의 경우에는 아이를 돌보는 일만으로도 지치는데, 집안일의 특성상 명확하게 선을 그을 수 없는 일이 많아 육체적 부담이 너무 커질 수 있다. 아이 부모는 부모로서의 책임감이 해이해져 저녁 시간이나 주말에도 조부모에게 아이를 맡기는 게 습관처럼 굳어지고, 조부모는 쉴 시간도 없이 대가족 식사를 챙기고 빨래와 청소까지 도맡으면서 육체적으로나 심리적으로 힘들어진다.

  몇몇 워킹맘들은 조부모에게 아이를 맡긴 후 직장에 가기 위해 친정이나 시댁 근처로 이사하기도 한다. 이럴 경우 조부모의 집에 시도 때도 없이 드나들면서 아이를 맡기고, 퇴근 후 아이를 데리러 가는 길에 들러서 저녁 식사까지 하고 가는 일이 잦아진다. 그러면 조부모들은 싫은 내색을 하지 못하기도 하고, 자주 부딪치다 보니 자녀와의 갈등이 쌓이기도 한다. 멀리 살면서 아이를 맡기는 경우 조부모가 출퇴근 시간에 맞춰 자녀의 집에 들러 아이를 돌보기도 하고, 주중에는 아예 조부모가 사는 집에 아이를 맡겨 놓고 주말에 아이를 보러 가기도 한다. 도우미를 고용해 지정된 시간에는 도우미가 아이를 보고, 조부모가 도우미 출근 이전과 퇴근 이후 시간을 맡기도 하고, 주중에만 자녀의 집에서 머무르면서 아이를 돌보다가 주말에는 본인의 집으로 돌아가기도 한다.

  어떤 형태로 살더라도, 조부모에게 아이를 맡길 때는 분명한 역할 범위와 한계를 정해야 한다. 베이비시터가 아이를 돌볼 때 집안일을 하지는 않는다. 만약 베이비시터가 살림까지 다 봐주는 경우 비용이 추가돼 더욱 비싸진다. 조부모도 마찬가지여야 한다. 아이 보는 일 한 가지로도 충분히 바쁘고 힘들다. 조부모가 아이를 정성을 다해 돌보면서 집안일까지 해주기를 기대해서는 안 된다. 슈퍼우먼이 불가능하듯 슈퍼 조부모도 가능하지 않다. 특히 많은 친정 부모가 아이를 봐주면서 직장에서 일하고 오는 피곤한 딸을 위해 자발적으로 청소나 빨래, 식사 준비까지 다 해주곤 한다. 그러나 집안일에 신경 쓰면서 아이 돌보기에 집중하기는 어렵다. 물론 집안일이 눈에 밟히고, 퇴근한 딸과 사위를 위해 말끔히 정돈된 집에 맛있는 저녁을 준비해주고 싶겠지만, 그러다 보면 정작 중요한 아이 발달을 위한 양육을 놓칠 가능성이 크다. 아이의 행복은 말끔한 청소나 깨끗한 빨래가 보장하는 것이 아니다. 아이 부모가 조부모에게 육아를 부탁할 때는 아이를 잘 돌봐주시기를 바라는 것이지 살림을 맡기는 게 아님을 서로 명심하자. 아이 돌보는 시간을 분명히 정하고, 부모가 출근하지 않을 때는 조부모가 쉴 수 있도록 약속을 지켜야 한다. 조부모가 좋은 마음으로 육아를 돕기 시작했지만, 금세 쇠약해져 병이 날 수 있음을 기억하자.

보상은 어떤 식으로?

젊은 부부는 대개 경제적으로 팍팍한 삶을 살아간다. 결혼할 때 전세를 얻거나 집을 사느라 은행에서 빌린 대출금을 갚아야 하고, 이제 태어난 아이에게 들어가는 돈이 만만치 않다. 기저귀, 분유, 장난감, 유모차 등 아이에게 들어가는 비용이 많다 보니 둘이 벌어도 항상 돈이 부족한 게 현실이다. 그러다 보면 조부모에게 따로 양육비를 드릴 수 없는 형편일 수 있고, 자녀의 사정을 아는 조부모가 조금이라도 경비를 아끼라고 양육비를 받지 않기도 한다. 2018년 보건복지부 조사에 따르면, 조부모에게 아이를 맡기면서 금전적인 보상을 하고 있지 않은 경우가 48.9퍼센트에 달했다.

정기적으로 조부모에게 양육비를 드리는 경우는 약 50퍼센트였고, 그 액수는 온라인 커뮤니티에 올라온 글을 살펴보면 월 30만원에서 150만원까지 다양해 평균 60~90만원 선이었다. 주말을 제외한 낮 시간에 집안일을 하지 않는 베이비시터는 평균 월 180만원을 받고, 주중에 집에 상주하며 집안일까지 하는 베이비시터는 대략 월 280~300만원을 받는다고 한다. 정부에서 100퍼센트 지원하는 어린이집 비용은 낮 시간 기준으로 한 달에 만 1세는 426,000원, 만2세는 353,000원, 만 3세는 260,000원이다(2021년 기준). 어린이집에 보내지 않고 가정에서 돌볼 경우 양육 수당으로 12개월 미만에게는 20만원, 24개월 미만 15만원, 36개월 미만 10만원을 정부에서 지원해준다.

조부모 가운데 절반 정도가 양육비를 받지 않거나, 받는다 해도 베이비시터보다 적게 받으면서 집안일까지 도와주는 경우가 대부분이다. 물론 조부모가 경제적으로 더 여유가 있어서 사양하기도 한다. 청년들의 급여 평균이 월 240만원 정도라고 하니, 맞벌이를 한다고 해도 대출금 상환과 생활비에 빠듯한 자식들의 주머니 사정을 배려해서 양육비를 받지 않거나 적게 받는 것이다. 조부모는 자식 사랑, 손주 사랑으로 육아를 도우면서 돈을 많이 주길 바라기보다 자식의 마음을 더 받고 싶어 한다. 그렇다고 해서 골병이 들도록 아이를 봐주는데 이를 당연하게 여기고 아무 보상을 하지 않는다면 서운할 수밖에 없다. 감사한 만큼 표현을 해야 한다. 정부에서 육아 수당을 받으면서 조부모에게 양육비 한 푼 드리지 않는다면 너무한 처사가 아닌가.

한편 양육비를 드린다고 해서 마치 고용인과 피고용인 관계처럼 조부모를 대해서도 안 된다. 조부모의 육아는 당연한 일이 아니다. 손주가 오면 반갑고, 가면 더 반갑다는 이야기가 있을 정도로 아이 돌보는 일은 쉽지 않다. 물론 손주가 예쁘고, 돌보는 기쁨 역시 매우 크지만 조부모에게도 자신들의 인생이 있고 체력은 예전 같지 않다. 여기저기 아프기 시작하고 관절이 약해지는 시기에 점점 무거워지는 아이를 안거나 업고 들어 올리기를 반복하며 사랑으로 돌봐주는 일이 모두 돈으로 보상되는 건 아닐 것이다.

  점점 자라면서 말썽을 피우고 말을 듣지 않는 손주에 대해 아이 부모와 대화를 나누고 싶지만, 퇴근 후 지친 얼굴로 낮에 아이와 무슨 일이 있었는지 관심조차 보이지 않는다면 조부모는 말도 꺼내지 못할 것이다. 옛말에 밭을 맬지, 애를 볼지 선택하라고 하면 십중팔구는 밭에 나가 김을 맨다는 말이 있다. 조부모들 역시 차라리 밖에 나가 일을 하지 아이를 보는 건 너무 힘들어서 못 하겠다고 하소연한다. 몸이 힘든 만큼 마음도 힘들기 때문에 나오는 말이다. 젊은 사람에게도 힘든 육아를 대신해주는 조부모와 좋은 관계를 맺고 진심을 담아 감사해야 한다. 손주를 보는 조부모가 가장 바라는 것 역시 아이 부모가 진정으로 수고를 인정해주고 감사한 마음을 표현해주는 것이다.

생필품은?

조부모에게 아이를 맡기다 보면, 아이 용품이나 생활 용품이 떨어졌는지 알지 못하기도 한다. 조부모는 직장에서 일하고 있는 아이 부모에게 무엇이 부족한지 말하기 어려워 스스로 알아서 구입해서

쓰기도 한다. 그런 경우 불만이 누적될 수 있다. 직장일로 바쁜 부모는 아이에게 필요한 물품이나 생활 용품을 구입하는 일을 조부모에게 일임하고 싶어 하기도 한다. 하지만 아이의 부모가 분유나 기저귀, 물티슈 등을 아이에게 맞는 걸로 직접 선택하고 구입하면서 육아 과정에 참여하고 책임을 지는 것이 좋다. 그럴 시간이 없다면, 필요한 물품을 목록으로 정리해 메모를 남기거나 전화나 문자로 조부모와 소통해야 한다. 직접 장을 보기 어렵다면 배달 서비스를 이용해 육아 용품이 떨어지지 않도록 신경 쓰자. 조부모가 사랑으로 시작한 육아가 짐이 되지 않도록 세심하게 마음을 써야 할 것이다.

육아 방식이 다르면?

하루 종일 아이를 맡기고 직장에서 일해야 하는 부모는 조부모가 아이를 어떻게 돌볼지 염려한다. 물론 조부모에게는 나름대로 자녀를 키워낸 육아의 노하우가 있겠지만, 요즘 방식대로 이론에 기반해 키워주기를 바란다. 육아 방식을 조율하기 위해서는 아이 부모와 조부모의 신뢰 관계가 우선되어야 한다. 아이를 잘 양육하기 위해 부모가 최선을 다하고 솔선수범하며 부탁을 드려야 설득력을 가질 수 있다. 조부모에게 제대로 양육비를 드리지 못하는 상황에서는 죄송한 마음에 육아 방식을 조율하기 어려울 수 있다. 자신의 현재 처지를 말씀드려 이해를 구하고, 고맙고 죄송한 마음을 전달해 서로 마음을 여는 것이 우선이다.

　요즘 조부모들도 육아 프로그램을 접하고 책을 읽으며 아이의 첫 3년이 중요하다는 점을 어느 정도 이해하고 있다. 이제 막 손주가 태어난, 비교적 젊은 할머니, 할아버지는 교육 수준도 높고 활동적이기에 최근 육아 방식을 쉽게 이해하고 수용하며 부모의 생각을 지지해줄 수 있다. 반면 자기 육아 방식을 확신하거나 자식을 잘 키웠다는 자부심이 강한 경우 자기 주장을 굽히지 않기도 한다. 그럴 때는 조부모의 육아법을 인정하면서 원하는 육아 방식을 말씀드리고, 아이의 연령에 따라 필요한 것이 무엇인지 의논하며 조율해가는 것이 좋다. 아이에 대한 책임은 전적으로 부모에게 있다는 사실을 잊지 말고, 겸손하게 반복해서 부탁해야 한다.

　늦은 나이에 손주를 돌보게 된 연세가 많은 조부모에게는 육아 방식에 관해 좀더 조심스럽게 대화하면서 접근하는 게 좋다. 아이 부모가 자신이 육아에 대해 더 잘 안다며 가르치려 드는 듯한 뉘앙스를 풍기면, 조부모의 기분이 상해 마음을 닫아버리고 이야기를 들으려 하지 않을 수도 있다. "그럴 거면 네가 키워라"라는 말이 나올 수밖에 없다. 이런 조부모님과는 우선 좋은 관계를 맺고, 마음을 연 다음 조심스럽게 가장 중요한 것부터 하나씩 부탁하는 게 좋다.

아이에게 크게 문제될 것이 없다면 조부모의 방식을 수용하고, 정말 바꿔야 할 문제점은 정중히 말씀드리자. 나이 든 조부모의 육아법은 그 나름대로 아이에게 행복을 안겨줄 수 있다.

 아이가 점점 커가면서 관성이 생겨 조부모 육아에 대해 불안도 줄어들고 점점 관심이 줄기도 한다. 그러나 아이가 18개월이 지나 자기 주장이 강해지면서 떼를 쓰기 시작하면 점점 더 힘들어질 수 있다. 퇴근 후 아무리 피곤해도 조부모에게 아이의 하루 일과를 묻고 관심을 표현하자. 항상 양육의 일차적인 책임은 부모에게 있음을 기억해야 한다. 양육 원칙을 세우고 일관성 있는 양육을 계획해야 한다. 부모가 조부모와 의논해 양육 원칙을 세우고 분명한 가이드라인을 설정한 후 육아 방식을 공유하면서 일관성 있는 양육을 하도록 하자. 그러기 위해서는 무엇보다 아이 부모가 조부모와 좋은 관계를 맺고 자주 대화하는 것이 좋다.

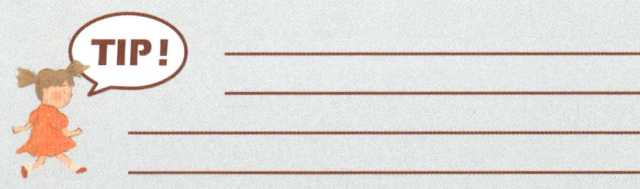

- 조부모님의 도움을 받아 워킹맘이 되기로 했다면, 조부모 양육을 시작하는 시기는 아이의 낯가림이 시작되지 않은 7개월 이전이 가장 좋아요.

- 함께 살든 아니든, 할머니 혹은 할아버지는 아이 양육에만 집중하고 청소나 빨래 등 다른 집안일은 도와주지 않도록 말씀드려요. 그리고 아이 돌보는 시간을 정해두고 조부모님이 쉴 시간을 드려야 해요.

- 아이가 태어나 생활비 지출이 더 늘었겠지만, 아이를 돌봐주는 조부모님께 감사의 표시로 양육비를 챙겨드리세요.

- 아이에 대한 책임은 할머니, 할아버지가 아니라 결국 부모에게 있음을 잊지 마세요. 육아에 필요한 물품은 되도록 직접 구입해서 조부모님께 챙겨 드리고, 육아 방식에 관해서 터놓고 대화를 나누세요.

9

참을 수 없는 애보기의 고단함

"아! 무서워요. 나는 집에 가고 싶어요."
손자는 놀이동산의 롤러코스터나 바이킹을 보기만 해도 얼굴을 가리고 무섭다고 징징대며 집으로 돌아가자고 했다. 주말이면 딸 부부는 아이를 데리고 교외 나들이나 놀이동산을 가려고 집을 나서곤 했다. 집에서 재미있게 놀아줄 방법을 모르니 하루가 너무 길게 느껴져서 나름대로 세운 자구책이었던 듯하다. 그렇지만 아이는 오랜 시간 차를 타는 걸 좋아하지 않았고, 놀이 기구를 무서워하며 사람이 많은 것도 힘들어했다. 물론 좀더 자란 후에는 놀이동산에 가서 즐겁게 놀았지만, 어릴 때는 주말에 그런 곳에 가기보다는 집이나 가까운 놀이터에서 부모와 같이 노는 것을 더 좋아했다.

밖은 일터, 안은 전쟁터

아이가 없을 때만 해도 집은 편히 쉬며 스트레스를 풀고 에너지를 충전하는 곳이었다. 그러나 아이가 태어나면 집은 또 하나의 일터가 된다. 아이를 돌보고 함께 놀아줘야 하는 곳, 쉴 새 없이 몸을 움직이며 일해야 하지만 잠도 푹 잘 수 없는 공간이 되어버린다. 주말에는 늦잠을 자고 싶은데, 아이는 일찍 일어나 놀아달라고 보챈다. 주중에 하지 못했던 부모 노릇을 보충하라는 듯이 하루 종일 함께 놀아줘도 또 놀아달라고 한다. 그럴 때면 아이가 부모로부터 받아야 하는 사랑의 절대량이 있는 게 아닐까 하는 생각이 들 것이다. 게다가 왜 그렇게 식사 시간은 자주 돌아오는지 아이에게 삼시 세끼 밥을 챙겨 먹이고, 간식을 챙겨주고, 밀린 집안일을 하기 위해

쌓인 빨래를 모아 세탁기에 돌리고, 장난감을 치우고 청소하다 보면, 씻을 시간은커녕 머리를 빗을 여력도 없다.

워킹맘은 주말을 보내면서 말 그대로 모두 타버리고 재만 남은 듯이 '번 아웃' 되어, 직장에서 일하는 것이 하루 종일 육아만 하는 것보다 더 낫다는 말을 실감한다. 주말 육아를 스트레스로 받아들이면, 정말 쉴 틈이 없다고 생각할 수 있고 건강까지 상할지도 모른다. 생각을 전환해 아이와 지내는 시간을 지겹고 힘든 일이 아니라 즐거운 일로 받아들인다면, 아이에게도 생기가 돌고 온 식구가 어울려 행복하게 지낼 수 있다. 재미있는 놀이도 일로 생각하면 지루하게 느껴지고, 재미없는 일도 흥미를 붙이면 즐겁고 힘이 날 수 있다. 억지로 하는 일은 티가 나고, 부모가 즐겁지 않으면 아이에게 고스란히 전해진다. 아이와 같이 시간을 보내야 한다면, 정해진 시간을 즐겁게 보내면서 효과적으로 노는 것이 낫지 않을까.

아이와 놀아주기 위해서는 잘 노는 방법을 터득하는 것이 좋다. 아이의 발달 단계에 맞춰 몸으로 신나게 할 수 있는 놀이를 찾아보고, 조부모는 힘에 부쳐 해주지 못할 만한 놀이를 시도해보자. 책을 실감나게 읽어주거나 이불 놀이를 하거나 숨바꼭질을 하거나 음악에 맞춰 같이 춤을 추자. 날씨가 좋다면 놀이터에 가서 그네나 시소를 타거나 모래 놀이를 하거나 말랑말랑한 공을 굴리거나 주고 받는 공놀이를 하다 보면 아이의 발달 상황이 어떤지도 관찰할 수 있을 것이다. 아이 입장에서 주말은 매일매일 엄마, 아빠 품을 그리워하다 맞이하는 시간이자 응석이나 애교를 부리면서 함께 신나게 놀 수 있는 금 같은 시간이다. 쉰다는 건 아무것도 하지 않고 잠자는 것만을 뜻하지 않는다. 아이와 같이 몸을 움직이며 즐겁게 놀다가 함께 꿀잠을 잔다면 그것이 정말 휴식이 아닐까.

그놈의 노키즈존

아이를 낳기 전 카페는 커피 한 잔을 마시면서 책을 읽거나 노트북을 가지고 일을 하던 곳이거나 혹은 친구들과 우정을 나누며 마음속 이야기를 터놓는 장소였을지 모른다. 멍한 정신을 깨우거나 조용히 감정을 정리하기 위해 카페에 가서 커피 한 잔을 마시고 싶어 하는 건 당연한 일이다. 워킹맘들은 일이 끝나면 곧바로 집에 돌아와야 하고, 주말에도 아이와 하루 종일 지내야 하다 보니 한가하게 커피를 마실 여유가 없다. 어쩌다 마음먹고 아이를 유모차에 태워 카페에 가면, 아이는 얌전히 있지 못하고 이것저것 만지다 음료수를 쏟기도 하고 울거나 떼쓰기도 한다. 그러면 모든 시선이 쏠릴 것이다. 벌레를 보는듯 경멸의 눈초리로! 말로만 듣던 '맘충'이 바로 자신이 되는 것 같다.

최근 노키즈존no kids zone을 내세우며 '어린이 손님을 받지 않는다'는 카페나 식당이 늘고 있다. 부모가 데려온 아이들이 시끄럽게 굴거나 문제를 일으키면 다른 손님이 싫어하고 심지어 나가버리기 때문에 아예 아이들의 입장을 막는 것이다. 물론 이는 조용하고 차분한 분위기에서 음악을 듣고 차를 마시거나 식사를 하려는 이들을 배려하는 정책일 수 있다. 한 여론 조사에 따르면 70퍼센트에 달하는 사람들이 노키즈존을 찬성한다고 한다. 주변 사람들을 괴롭게 하고 결국 자신도 모멸감을 느끼게 되는 장소에 굳이 아이를 데려가서 서로 마음 상할 필요는 없다. 그럼에도 아이와 아이를 키우는 엄마를 푸대접하는 사회가 좀 야속할 것이다. 저출산을 염려하면서 '한 아이를 키우기 위해서는 온 마을이 필요하다'는 아프리카 속담을 들먹일 때와는 딴판이니까. 노키즈존을 표방하는 자영업자들의 마음도 이해는 된다. 몇몇 부모가 공공 장소에서 아이들이 익혀야 하는 예절을 잘 훈련시키지 않는 것도 사실이니까.

결혼 전이나 신혼일 때 방문했던 분위기 좋은 곳에 아이와 함께 가보고 싶은 마음이 들겠지만, 그런 곳에 가면 주변 사람들이 불편한 만큼 아이들 역시 불편하다. 아이는 원래 잠시도 가만히 있지 못하고, 소리를 내며, 여기저기 탐색하며 돌아다니고, 새로운 것을 만져보고 싶어 한다. 그것이 아이들의 특성이다. 이를 하지 못하게 막으면 아이들은 울거나 소리를 지르거나 떼쓰기 시작할 것이다. 그리고 아이들은 아직 생리적인 현상을 통제할 수 없기에 어디서든 먹고 배변 활동을 해야 한다. 이런 아이들과 함께 외출에 나선다면 기분 전환은커녕 오히려 모두의 기분을 망치고 몸도 지칠 수 있다.

조용하고 우아한 분위기의 장소에는 아이를 데려가지 않는 것이 서로에게 좋다. 특정 가게의 커피나 음식이 먹고 싶다면 포장하거나 배달해서 먹어도 된다. 아이들은 노키즈존에서 행동을 제지당하고 눈치를 보는 것보다 야외나 자연에서 편히 뛰어노는 것을 더 좋아한다. 멋진 자연을 찾아 너무 멀리 나갈 필요도 없다. 아직 나이가 어린 아이들에게는 먼 곳으로의 여행이 힘만 들뿐 아무 의미가 없다. 날씨만 좋다면 가까운 공원에 가거나 동네 놀이터에 가는 것으로 충분하다.

스마트폰이라는 필요악

요즘 눈 뜨면서부터 잠자리에 들 때까지 스마트폰을 손에 쥐고 사는 사람이 많다. 스마트폰을 통해 사람들과 대화하고, 정보를 검색하고, 음식을 배달시키거나 필요한 것을 사고, 뉴스 기사를 읽거나 영상을 보는 등 하루 종일 스마트폰과 함께한다고 해도 과언이 아니다. 맘 카페 활동을 하거나 자신의 일상과 아이의 모습을 사진으로 찍어 SNS에 공유하기도 한다. 특히 코로나 19로 인해 자유롭게 외출하지 못하고 사람들을 만나기 어려운 상황에서 많은 이가 스마트폰을 구세주로 삼는다. 그러다 보니 스마트폰 중독을 의심할 만큼 잠시라도 스마트폰을 놓고 있으면 불안해진다.

육아도 마찬가지다. 인터넷을 통해 육아에 대한 정보를 얻고, 다른 사람들은 어떻게 아이를 키우는지 사진이나 동영상을 보다 보면, 거기에 몰입해서 정작 바로 옆에 있는 아이와 눈을 맞출 시간이 없을지도 모른다. 그러다 보면 아이가 무엇을 원하는지 놓치게 된다. 우리는 한 번에 여러 가지 일에 집중하기 어렵다. 아무리 육아에 대한 정보를 많이 얻고 알게 된다고 해도 현실에서 자기 아이를 안아주지 않거나 아이의 요구에 반응해주지 않으면 쓸모없는 것이 되어버린다. 인터넷으로 세상이 하나로 연결되고 정보가 넘쳐난다고 해도 아이에게 베푸는 사랑은 현실 세계에서 몸으로 해야 하는 것이다. 제아무리 과학 기술이나 인공지능이 발달한다고 해도 아이를 기르는 것만은 컴퓨터나 기계로 대체될 수 없다.

아이와 함께 놀이터에 가서 부모가 스마트폰에 빠져 있으면, 아이가 불러도 듣지 못하고, 아이가 위험한 상황에 처하거나 다쳐도 빨리 알아채지 못한다. 정신과 의사들은 부모가 디지털 기기에 빠져 제대로 보살핌을 받지 못하는 아이는 정서적으로 문제가 생길 수 있다고 경고한다. 무엇보다 우울이나 불안, 분노 등을 제대로 조

절하지 못하는 아이로 성장할 수 있다고 한다. 순한 기질을 갖고 태어난 아이들도 언제든지 부정적인 정서를 가진 아이로 변할 수 있다. 또한 스마트폰에 빠진 부모들은 쉽게 아이에게도 스마트폰을 보여주기도 한다. 어려서부터 강한 자극에 노출되면 스마트폰에 중독될 가능성이 높고 뇌 발달에 심각한 이상을 일으킬 수 있다. 미국 소아과학회는 18개월 미만 아이에게 스마트폰이나 디지털 기기를 사용하게 하는 것을 금지하고, 그 이후의 영유아도 하루 30분에서 1시간 이내로 사용하라고 권장한다. 모처럼 쉬는 주말에 하루 종일 스마트폰을 보고 싶겠지만, 우리 아이를 위해 잠시 내려놓고 아날로그 방식으로, 몸으로 신나게 놀아주는 게 어떨까.

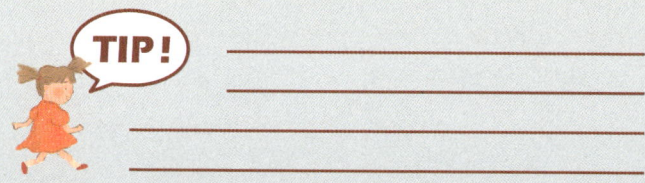

- 아이에게 주말은 매일매일 기다리던 엄마, 아빠와 보내는 시간이에요. 퇴근 후 저녁에나 잠깐 만나느라 부족했던 아이와의 대화를 주말에는 많이 나눠주세요. 그리고 아이와 놀아주는 법을 연구해 몸으로 신나게 놀아요.

- 어린아이들은 원래 얌전히 앉아 있는 일이 어려워요. 기저귀를 채 떼지 못했다면 짐도 한가득일 거예요. 정숙한 분위기의 공간은 본의 아니게 주변 사람들에게 피해를 줄 수 있고, 아이도 어른도 모두 힘드니 되도록 피하는 게 좋아요.

- 스마트폰 화면이 아니라 아이의 얼굴을, 눈을 오래도록 봐주세요. 아이 앞에서는 되도록 스마트폰을 만지지 않도록 해요. 불가피하게 사용하더라도 시간 제한을 두도록 해요.

10

고맙고, 미안하고, 불안한 워킹맘에게

"우리 아이만 혼자 다른 옷을 입고 있는 사진이 보이세요? 모두 유치원 옷을 입었는데 우리 아이만 다른 옷을 입고 있어요. 미처 옷을 챙기지 못한 모습이 담긴 사진을 볼 때 엄마들은 어떤 생각이 들까요? 죄책감, 미안함이 들 것입니다."
어느 여성 리더십 세미나에서 발제자가 한 어린이만 다른 옷을 입고 있는 체험 학습 사진을 보여주며 한 말이다. 우리 손자 역시 어린이집에 준비물을 제대로 가져가지 못하거나, 모두 초록색 옷을 입고 가야 하는 날인데 혼자만 다른 색 옷을 입고 가기도 했다. 그런 날이면 시무룩해져 집으로 돌아온 손자를 보며 우리 딸도 그 발제자와 같은 마음이었을 것이다.

아이에게 미안해요

워킹맘의 연관 검색어는 죄책감이라고 한다. 요즈음 여성들은 대학 진학은 물론이고 사회에 진출하기 위해 취업 준비를 하고 직장에 들어가는 데 남성과 동등하게 경쟁한다. 취업이 쉽지는 않지만, 취업률에서 남녀의 차이는 두드러지지 않아 남성은 69퍼센트, 여성은 65.2퍼센트를 차지한다.* 하지만 아이를 낳게 되면 많은 여성은 직장과 육아 사이에서 고민을 하고, 어떤 여성들은 직장을 그만두기도 한다. 이런 상황에서 아이를 조부모에게 맡기고 직장 일을 계속하려는 워킹맘은 아직 어린 아이를 집에 두고 회사에 가도 되

---

* 여성신문, 2020.12.28.

는 건지 끊임없이 고민한다. 출산 여부와 상관없이 여성도 직장생활을 계속하는 것이 당연한 권리라고 생각하면서도, 좋은 어머니는 가정에서 아이를 돌보고 사랑으로 키워야 한다는 고정관념이 머리에 박혀 있기에 '나는 어머니다운 어머니인가'를 묻게 되는 것이다. 특히 아이 발달의 중요한 시기에 어린 자녀와 함께 있어주지 못하는 데서 오는 염려와 걱정은 심리적인 죄책감을 일으킨다. 직장을 포기한 동료 전업맘을 떠올리면서 워킹맘은 매 순간 퇴사를 고민한다고 한다.

▶ 이상과 현실 사이에서

죄책감은 '좋은 어머니 good enough mother'가 되고 싶은 마음과 연결되어 있다. 한국 사회는 완벽하고 헌신적인 어머니를 이상으로 삼고, 이는 여성들에게 내면화되어 있다. 5만원권 지폐의 신사임당처럼 자신의 재능을 발휘하면서도 남편을 출세시키고 자식을 훌륭하게 키워낸 어머니를 이상향으로 마음에 품고 있다. 좋은 어머니라면 자기 일을 하면서도 아이를 사랑으로 감싸 안아 정서적으로 안정되고 바른 품성을 가진 아이로 키워야 할뿐더러 교육을 잘 시켜 지적으로도 유능한 인간으로 기르는 것이라고 생각한다. 사회 전반적으로 바람직하게 여기는 이상은 개인의 생각에도 자리 잡아 지향점이 된다. 결혼 정보 회사에서 미혼 여성들을 대상으로 조사한 결과에 따르면, 결혼 후 아이를 낳는다면 가장 관심 가져야 할 것은 아이를 올바르게 잘 양육하는 일이라고 답했다고 한다.

그러나 현실은 어떤가? 직장에서 하루 종일 일해야 하는 워킹맘은 오늘도 그저 아이가 잘 지내고 있는지, 아프지는 않은지 전전긍긍하면서 조부모를 믿고 맡길 수밖에 없다. 한 설문 조사의 결과에 따르면, 엄마의 직장생활이 아이의 정서 발달에 부정적인 영향을 미칠 것이라고 생각하는 여성의 비율이 75퍼센트에 달했고, 지능 발달에 영향을 줄 것이라는 의견도 58퍼센트에 달했다. 특히 3세 미만의 아이를 둔 어머니는 이 시기가 애착 발달에 중요한 시기이기 때문에 자기 직장생활이 아이의 정서 발달과 인성 형성에 부정적인 영향을 미치지 않을까 불안해한다.

양육에 대한 죄책감은 일반적으로 현재 자신이 하고 있는 양육 행동이 이상적인 것과 차이가 나고, 그 차이가 자기 책임이라고 느낄 때 일어난다. 워킹맘은 직장에 나가면서도 여느 엄마들처럼 자기 아이를 잘 양육하고 싶고, 인생 초기에 정서적인 안정감을 기르고 좋은 인성을 형성해주길 원한다. 육아에 참여하는 시간의 양보다 질이 더 중요하다는 것을 인정하면서도, 정작 아이가 자신과 하루 종일 떨어져 지내며 엄마의 사랑을 받지 못하는 현실을 불안해하고 죄책감을 갖는다. 게다가 자신이 하고 있는 일이 얼마나 가치 있는지 따져보면서, 자기 때문에 아이가 희생하고 있다고 생각하면 죄책감은 가중된다.

▶ 구체적인 이유

집에서 전적으로 육아를 하지 않고 직장에 나간다는 사실에서 오는 죄책감은 일반적이고 모호하지만, 구체적인 상황에 맞닥뜨릴 때 워킹맘들은 생생한 죄책감을 느낀다. 연구에 의하면, 워킹맘은 자녀와 함께 있어주지 못하는 것도 미안하지만, 아이가 아플 때는 본인이 곁에 없어서 그런 것 같다는 느낌에 큰 죄책감을 느낀다고 한다. 실제로 워킹맘들은 아이가 아플 때 자신이 직접 돌보지 않기 때문에 아이에게 문제가 생긴 것이라고 생각하는 경향이 있다. 사고가 나서 다치거나 열이 나고 아픈 것 모두 자기 책임으로 돌리는 것이다. 그러다 보니 아이가 아프면 일을 하다가도 만사 제치고 달려가고, 월차나 연차를 내면서 아이를 돌본다. 그러면 직장에서는 자기 업무를 누군가 대신하거나 미뤄야 하고, 업무가 부실해지면 그 책임을 져야 한다. 그렇다고 일을 놓아버리기도 어렵다. 자신이 어떻게 이 자리까지 왔는지를 생각하면서 포기하지 못하고, 그러면서 직장에서도 눈치가 보이고 아이에게도 죄책감만 쌓인다. 그러나 아이는 엄마가 하루 종일 집에 있어도 아프고 다치기 마련이다. 아이들은 원래 아프고 다치면서 자란다. 사고는 우연히 일어나기 때문에 아무리 조심하고 미연에 방지해도 발생한다. 엄마가 아이의 질병이나 사고에 대해 지나치게 죄책감에 사로잡히지 않고, 합리적으로 일을 처리하는 것이 직장과 가정에 도움이 된다.

또한 워킹맘들은 아이 곁에 오래 있어 주지 못하는 미안함과 안쓰러움으로 집에 있을 때는 아이에게 잘해주겠다는 마음이 강하다. 그러나 현실적으로는 그 반대로 행동하기 일쑤고, 뒤늦게 후회하곤 한다. 피로가 누적되어 아이에게 따뜻하게 대하지 못하고 짜증을 냈을 때, 하루 종일 기다리던 엄마를 만나 들러붙어 떨어지지 않으려는 아이에게 신경질을 내거나 떼놓아 아이가 슬피 울 때, 아이가 잘못된 행동을 해서 야단을 칠 때도 워킹맘은 죄책감을 느낀다. 직장에서 받은 스트레스나 피로, 부정적인 감정을 그대로 가지고 집에 와서 아이에게 전가하기도 한다. 그러나 워킹맘들은 육아의 양이 절대적으로 부족하므로, 아이와 함께 있을 때만큼은 질 좋은 양육 행동을 해줄 의무가 있다. 워킹맘의 시간과 능력의 한계를 받아들이되, 아이에게 더욱 잘해주고 죄책감을 갖지는 말자. 아이를 만나는 시간에는 직장에서의 스트레스나 불쾌한 일들을 심호흡하며 머리에서 지워버리고 즐거운 마음으로 대하자. 아이와 웃다 보면 스트레스나 분노가 사그라들고 죄책감이 들 새도 없을 것이다.

워킹맘들은 자신이 육아나 교육에 관한 정보가 부족하다 보니 아이까지 뒤처지지 않을까 하는 불안감으로 죄책감을 느끼기도 한다. 언제부터 어린이집이나 영어 유치원을 보내야 할지, 어떤 곳이 좋은지, 특히 아이들이 자랄 수록 정보에 접근하기 쉽지 않다. 예체능 교육은 어떤 선생님에게 어떻게 시킬지, 무슨 운동이 좋고 운동팀에는 어떻게 들어갈 수 있는지, 전업맘들이 은밀하게 공유하는 고급 정보들은 워킹맘에게는 차단되어 있어 아이에게 괜히 미안해진다. 그러나 조급해하며 그런 정보에 목말라 하기보다는, 부모가 중심을 잡고 지금 아이에게 가장 중요한 것이 무엇인지 판단하고 가능한 선에서 기회를 제공하는 것이 더 낫다. 오히려 그런 정보에 어두운 것이 시류에 휩쓸리지 않고 아이가 가지고 있는 고유한 재능이나 특성을 발견하는 데 도움이 될지 모른다.

▶ 죄책감으로 하는 행동들

워킹맘은 시간이 날 때마다 질적으로 좋은 양육으로 보상해주고 아이를 올바로 키우기 위해 유익한 시간을 보내려 노력한다. 그러나 그런 노력이 때로는 비일관적인 행동으로 표현되기도 한다. 짧은 시간이지만 충분히 사랑을 보충해주고 싶은 마음에 따뜻하고 관대하게 대하다가도, 아이를 바로 잡으려 엄격하고 통제적인 행동을 보이는 것이다. 이럴 때 조심해야 할 부분은 관대함과 엄격함이 양육 원칙에 따라 일관되어야 한다는 것이다. 워킹맘이 죄책감에 사로잡혀 아이에게 미안하고 안쓰러운 마음이 들면, 규칙에 따르지 않고 아이의 요구를 무조건 들어주거나 잘못을 받아주기도 한다. 그런 경우 훈육의 가이드라인이 깨지고, 아이는 미안해하는 부모를 보며 자신이 피해자라고 생각하면서 아무렇게나 행동하고, 원하는 것을 얻기 위해 떼를 쓰기 쉽다. 하루 종일 부모를 보고 싶은 마음을 인정해주고, 부모 역시 아이를 항상 보고 싶어 하지만 각자 해야 할 일이 있음을 설명하면서 사랑을 표현해주자. 그리고 아이의 과한 요구나 잘못된 행동에는 일관성 있게 무관심으로 대응해 부모에게 그런 행동이 통하지 않음을 깨닫게 해야 한다.

 워킹맘들이 가장 조심해야 할 부분은 죄책감 때문에 아이에게 과잉 보상을 하는 것이다. 함께 해주지 못했던 공백을 선물이나 돈으로 채우려 할 수 있다. 하지만 아이가 진정으로 받아야 할 것은 선물이나 돈이 아니라 부모의 사랑이고 관심 어린 상호작용이다. 부모와 상호작용하지 않은 아이들은 퇴행적, 수동적, 소극적인 행동을 보이고 지적 수준이 떨어져 또래들과 어울리지 못할 수도 있다. 아이에게 가장 큰 보상과 선물은 함께 있는 동안 즐거운 표정으로 아이와 상호작용하는 것이다.

부모님에게 죄송해요

조부모가 아이를 돌봐주는 것이 좋다고 인정하지만, 평생 자기 자

식을 키우느라 고생하고 또 점점 연로해져 건강이 좋지 않은데 손주를 돌보느라 애쓰는 게 송구하고 죄송스러워 죄책감을 느끼기도 한다. 언론에서는 심심치 않게 황혼 육아의 문제점과 노인들이 황혼 육아 탓에 손주병을 얻었다는 이야기를 다룬다. 자식이 부탁하니 차마 거절할 수 없어 아이를 보지만, 기저귀를 갈고 끼니를 챙기고 울거나 보챌 때마다 안거나 업으면서 달래다 보면 손목이나 무릎, 관절이 상하기 마련이다. 또한 육아 스트레스가 많을수록 우울증이 심하다고 한다. 이런 이야기를 접할 때면 조부모에게 죄를 짓는 느낌이 든다. 직장에서 일하는 자신을 위해 육아를 맡아준 조부모가 "아이고 허리야, 다리야" 하고 허리나 무릎을 제대로 펴지 못할 때, 피로에 지친 얼굴로 표정이 어두울 때, 워킹맘은 자신이 부모님의 건강과 시간과 인생을 빼앗고 있다는 생각에 가슴이 저리다.

하지만 조부모들은 아이를 보면서 얻는 기쁨도 크다. 최근 계명대 병원의 연구에서는 육아를 돕는 노인의 우울증 위험이 그렇지 않은 경우보다 43퍼센트 감소하는 것으로 나타났다. 특히 부모와 조부모 관계가 원만하고 좋을 때는 육아 스트레스 지수가 낮았고, 아이들과 함께 지내는 시간을 즐긴다고 한다. 좋은 관계가 육아 스트레스를 낮추기에 조부모 육아에서 무엇보다 중요한 것은 좋은 가족 관계다. 조부모와 좋은 관계를 유지하면서 하루 종일 무슨 일이 있었는지 묻고 이야기를 들어드리자. 조부모에게도 시간은 중요하고 귀한 것이다. 그 시간에 대한 감사를 표현해야 죄책감에서 벗어날 수 있다. 조부모 육아가 독박 육아가 되지 않도록 조부모 두 분이 함께 육아에 동참하거나, 친구나 친척을 초대해 수다를 떨며 아이를 봐주거나, 베이비시터를 가끔 불러 도움을 받도록 기회를 만들어보자.

당신은 죄인이 아니다

죄책감은 언제나 낮은 자존감을 동반한다. 엄마가 죄책감을 느끼고 자존감을 잃으면 아이들은 눈치를 보게 되기도 한다. 아이에 대한 죄책감보다는 지금 아이와 행복하게 지내는 것에 초점을 맞추고 자기 일에 자긍심을 갖도록 하자. 아이는 열심히 살고 있는 부모의 모습을 보면서 더 많이 배울 것이다.

 워킹맘은 직업과 육아라는 다중 역할이 주는 부담과 죄책감을 가질 수 있지만, 한편으로 직장은 자기 능력을 펼치면서 육아에서 오는 갈등을 완충해주는 장소가 되기도 한다. 직장에서는 능력을 펼치며 성과를 낼 수 있고, 다양한 사람들과 함께 일하고 이야기하면서 다양한 피드백을 얻기도 한다. 그런 면에서 육아 외에 다른 삶이 있다는 것은 감사한 일이다. 직장 일을 하면서 긍지를 느끼면 육아에도 긍정적인 영향을 줄 수 있다. 육아에만 매몰되면 자신을 아이와 동일시하면서 아이의 개성과 능력에 상관없이 부모의 꿈을 강요할 위험이 있지만, 워킹맘은 자기 일을 하면서 아이에게는 아이의 인생이 있음을 담담하게 인정하는 태도를 보인다.

 연구에 따르면 워킹맘이 어머니 역할에 대한 고정관념을 강하게 가질수록 죄책감이나 우울감이 높지만, 그런 생각에서 벗어날수록 오히려 심리적으로 안정적이라고 한다. 또한 자신이 아이를 잘 키울 수 있으며 동시에 직장에서의 역할도 잘 수행할 수 있다고 생각할수록 워킹맘의 스트레스가 덜했다. 물론 여성들이 남성에 비해 육아나 가사의 부담이 과중하다 보니 직장생활을 하는 데 어려움을 겪는 것이 사실이다. 아무리 시대가 바뀌었어도 여성이 아이를 더 많이 돌보고, 가사에 많은 시간을 투자하기 때문이다. 이런 불리한 상황에서도 자기 능력을 가정에서는 육아로, 사회에서는 직업으로 발휘할 수 있다는 것은 죄책감이 아니라 자긍심을 가져야 하는 일이 아닐까.

 상당수의 연구에서 워킹맘의 양육 행동이 더 바람직할 수 있음이 밝혀졌다. 워킹맘이 전업맘에 비해 아이의 독립심을 더 강조하고, 아이를 좀더 일관된 방식으로 양육하는 경향이 있다. 그에 따라 워킹맘의 아이들이 자기 성취 능력, 자기 통제 능력, 자존감 등이 높았으며 활동성과 자기 효능감 및 성 평등 의식이 더 좋았다고 한다. 특히 여자아이의 경우 자부심을 가지고 워킹맘인 어머니를 존중하며, 여성의 역할에 긍정적인 견해를 가지고 있다고 한다. 워킹맘이 인생을 길게 보고 불안해하지 않으면서 자기 일에 긍지를 가지고 임하며 아이를 긍정적으로 양육한다면, 아이는 부모를 롤 모델로 삼고 더 성숙하고 자율적인 사람으로 자랄 것이다. 모든 워킹맘에게 박수를 보낸다.

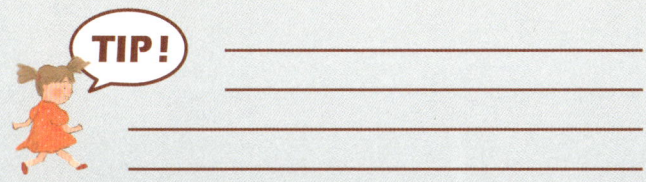

- '좋은 엄마'란 애초에 없는 건지도 몰라요. 사람들이 생각하는, 혹은 사회에서 규정된 엄마다운 엄마, 엄마 역할에 얽매여 스스로를 탓하지 않기로 해요.

- 아이가 아프거나 다치면 마음이 아프겠지만, 그것이 일하는 엄마 탓은 아니에요. 아이는 자주 아프기 때문에 그런 상황에서 어떻게 할지 조부모님과 미리 이야기해두면 덜 당황스러울 거예요.

- 엄마와 낮 동안 떨어져 있는 아이가 안쓰럽고 아이에게 미안하다고 해서 오냐오냐 하거나 무엇이든 사주면 안 돼요. 떼쓰기가 늘거나 아이가 스스로를 피해자라고 생각할 수 있어요.

- 함께 있는 시간의 양보다 함께 있을 때 얼만큼 사랑을 표현하는지가 더 중요해요.

- 엄마가 아이를 낳고도 자기 일을 하는 건 길게 보면 엄마와 아이 모두에게 좋은 영향을 줄 거예요. 워킹맘이여, 죄책감이 아니라 자긍심을 가지세요.

PART
02

할머니 할아버지 편

1

자식의 자식을 돌본다는 것

"손녀가 태어났어. 우리 며느리 참 장하지 않니? 그래서 이제 모임에는 자주 못 나갈 것 같아."
친구가 갓 태어난 손녀 사진을 올리며 이렇게 말했다. 나와 친구들은 남편의 은퇴 후 경쟁적으로 여기저기 해외여행을 다니곤 했다. 자녀들을 출가시키고 은퇴한 남편과 홀가분하게 여행하면서 새로운 문화를 배우고 직접 보고 싶었던 미술 작품들도 보며 감격했고, 좀 더 젊을 때 여행하지 못한 것을 아쉬워했다. 동시에 열심히 일하는 자식들에게 미안하기도 했다.
그러다 손주가 태어나면 하나둘씩 여행은커녕 모임에도 나오지 못하면서 손주를 돌보기 시작했다. 친구들은 '우리 귀한 손주를 어떻게 잘 키워줄까?'라며 의욕을 가지면서도 '그런데 내 인생을 또 희생해야 하는구나' 하는 마음이 들면서 갈등이 된다고 말하곤 했다.

손주가 생겨 할머니, 할아버지가 되는 건 참 기쁘고 경이로운 일이다. 아이가 꼬물거리고 하품하는 모습만 봐도 귀여워서 미소가 저절로 번진다. 보고 또 봐도 다시 보고 싶어서인지 할머니, 할아버지 휴대폰에는 손주 사진이 가득하고, 카카오톡 프로필을 본인 대신 손주 사진으로 장식하기도 한다. 요즘 청년들은 결혼이나 출산을 꺼린다는데 이런 시대에 귀한 아이를 낳아준 자녀가 고맙고, 손주는 더더욱 예쁘기만 하다.

 조부모는 자녀가 손주를 봐달라고 부탁할 때 주저하게 되면서도 애쓰며 살아가는 자녀의 모습을 모른 체할 수 없고, 아직 너무 어리고 이렇게 예쁜 손주를 다른 사람 손에 맡기는 것도 마음에 들지 않아 육아에 나서게 된다. 오랫동안 부모 노릇을 해왔던 경력이 있어 육아에는 자신 있으니까 말이다. 그럼에도 자녀들을 출가시키고 홀가분하게 자기 인생을 즐기려는 시기에 손주 돌보기를 결정하는 게 쉽지는 않다. 더구나 몸도 점점 예전 같지 않은데 건강이라도 상하면 어쩌나 염려가 앞서고, 쳇바퀴 돌 듯 반복되는 아이 돌보는 일에 또다시 인생을 희생해야 하는 건지 고민하게 된다. 하지만 인생에서 가장 중요한 시기를 살아갈 손주를 돌보는 일의 가치를 생각해보면, 염려 대신 자부심을 가지고 즐거운 마음으로 임하게 될 것이다.

할머니 가설

조부모 양육은 인류 역사상 오랜 전통을 가지고 있다. 어느 인류학 연구에 따르면 할머니가 함께하는 경우 아이의 성장과 발달에 큰 도움을 줄 수 있다고 한다. 전통 사회에서 할머니는 마을이나 대가족 안에서 젊은 어머니보다 더 높은 어른의 지위를 차지하고 권력을 가지고 있었기에, 아이를 더 안전하게 보호하고 생존율을 높일 수 있었다. 아프리카 잠비아에서 약 2000명의 아동을 대상으로 실시한 연구에서도 할머니가 있는 아이는 영양 상태가 좋고 생존율도 높은 것으로 나타났다.

비교적 최근에 나온 '할머니 가설'이라는 진화 이론이 있다. 여성이 폐경을 맞이하고 생식 능력이 사라지는 이유는 나이가 들어 아이를 낳는 것보다 손주를 돌봐주는 것이 오히려 자기 유전자를 더 많이 남길 수 있어서라는 것이다. 할머니가 출산하는 경우 사망률이 높은 반면 손주를 돌봐주었을 때 젊은 딸이나 며느리가 둘째, 셋째를 출산할 가능성이 높다. 따라서 여성이 늦은 나이까지 출산하는 대신 손주를 봐줄 때 식구 수가 더 늘어난다고 한다. 이 이론에 근거해서 18~19세기 캐나다와 핀란드에 살았던 여성 3000명을 대상으로 가족사를 조사한 결과, 할머니가 오래 산 가족 구성원들이 더 빨리 자기 가족을 이뤄 가족의 수가 많았고, 손주들의 터울이 짧고, 영아 사망률도 낮았다.

 할머니 가설은 오늘날에도 적용된다. 특히 어린아이를 안심하고 맡길 만한 좋은 국공립 어린이집이나 직장 보육원이 부족한 상황에서는 맞벌이 부부의 경우 아이를 대신 양육해줄 조부모가 있으면 쉽게 출산을 계획할 수 있다. 조부모가 좋은 육아를 해줄 수 있다고 보장되면, 직장 일에 바빠 출산을 꺼리던 젊은 부부들이 안심하고 아이를 갖게 되는 것이다. 할머니 가설은 한국 사회에서 조부모가 얼마나 중요한 역할을 할 수 있는지 잘 설명해준다. 이는 맞벌이 부부가 조부모에게 도움을 요청할 때 손주 봐주기를 거부하기 어려운 이유이기도 하다.

인생 후반기의 의미

나이가 점점 들고 젊음이 사그라들면서 나머지 인생을 어떻게 살 것인가 깊이 생각하게 된다. 나이가 들어도 건강하고 행복하게 살면서 의미 있는 삶을 살고 싶은 게 인간의 마음이다. 심리학자들은 성공적인 노화란 자기 선택과 행동에 달려 있다고 말한다. 건강을 유지하고, 정신적인 활동을 계속하며, 무엇보다 실제 활동에 참여하는 '인생 참여'가 중요하다는 것이다. '인생 참여'란 다른 사람과 관계를 잘 맺고 친밀도를 높이며 사는 것을 말한다. 나이가 들면서 책임과 의무는 조금씩 내려놓더라도 사람들과 깊은 유대를 맺고 살아야 한다.

'인생 참여' 중 하나가 조부모 육아가 될 수 있다. 자식이 부탁해서 어쩔 수 없이 육아를 하는 것이 아니라, 본인들이 선택한 중요한 과제로 여기는 것이다. 나이를 먹으며 부쩍 울적해지기 마련인데, 무한한 가능성을 지닌 아이를 사랑으로 돌보면서 밝게 웃을 수 있다. 또한 아이에게 좋은 육아법이 무엇인지 찾아보고 공부하면서 뇌를 깨울 수도 있다. 그리고 건강을 유지해야 아이를 돌볼 수 있으니 부지런히 몸을 움직이고 관절을 보호하기 위해 짬짬이 스트레칭도 하면서 건강에 더 신경을 쓰게 된다.

무엇보다 손주가 인생의 초반부에 사랑을 받고 그 힘으로 앞으

로 잘 살아갈 수 있다면 그것만으로도 큰 의미를 찾을 수 있다. 인생의 첫 2~3년 동안 제대로 보살핌을 받지 못한다면 그 흔적이 남아 훗날 치유하는 데 더 많은 시간이 필요하다고 하는데, 직장에 나가 일하는 부모를 대신해 부모의 마음으로 손주에게 사랑을 베풀어줄 수 있다. 무슨 일을 하든 기초가 중요하듯 아이 인생의 기초를 조부모가 닦아주는 것이다.

또한 이제 막 부모가 된 자녀를 도와주며 아이에 관해 함께 의논하고, 자녀들의 육아 철학을 듣고 배우며 좋은 관계를 맺고 가족애를 쌓으면서 또 다른 행복을 맛볼 수 있다. 더구나 아이 부모가 아이에 대한 걱정을 잠시 내려놓고 자기 직장에서 열심히 일하며 성취할 수 있다면, 그 역시 조부모 입장에서는 감사하고 기쁜 일이다. 육아에 참여함으로써 여러 사람의 인생이 안정되고 행복할 수 있다면, 오늘을 사는 인생의 의미는 충분하지 않은가.

조부모의 시간은 느리다

나이가 들어가면서 생기는 변화는 모든 게 느려진다는 것이다. 행동이나 생각하는 속도마저 느리다. 바삐 돌아가는 현대 사회에서는 이렇게 능률이 떨어지는 것을 감안해 은퇴라는 제도가 생겼을 것이다. 이렇게 느리며 기억이 깜박깜박하고 행동이 굼뜨더라도 불편하지 않은 것은 이제 경쟁하며 살지 않아도 되기 때문이다. 젊은 시절에 한창 바쁠 때는 보이지 않던 것들이 보이기 시작하고, 인생에 대해 다른 시각을 가지게 된다.

  노벨상을 받은 심리학자 카네만D. Kahneman은 인간에게는 빠른 생각과 느린 생각이 있어 판단을 내릴 때 이를 각각 사용한다고 한다. 우리가 바쁠 땐 깊이 고민하지 않고 빠른 생각으로 판단을 내리게 된다. 빠른 생각은 직관적이고 자동적이어서 눈에 보이는 대로 판단하기 쉽고, 자기 생각의 틀을 바꾸기 어렵다. 반면 느린 생각은 한 번 더 생각해보게 한다. 사람과의 관계에서 상대방의 마음을 의식적으로 읽고 추리하며 그의 입장에 서서 생각하도록 돕는다. 아이와의 관계에서 아이가 문제를 일으켰을 때 즉각적으로 화를 내며 야단치는 것은 빠른 생각에 의한 것이지만, 느린 생각에 따르면 화를 삭이고 차분하게 아이의 행동을 이해하게 된다. 생각할 것이 많아 머릿속이 복잡하고 바쁠 때, 자제력이 없을 때, 자아가 고갈되었을 때는 느린 생각을 하기 어렵다. 젊은 부모들은 직장에서 일하고 여러 역할을 감당하느라 빠른 생각에 젖어 산다. 할 일이 많기에 차분하게 생각할 여유가 없다. 반면 나이가 들며 빠른 삶의 속도에 벗어나 느린 시간을 보내게 될 때, 우리는 새로운 관점으로 인생을 바라볼 수 있게 된다. 나이 든 사람의 지혜는 바로 느리게 살면서 느린 생각을 할 수 있는 데서 비롯된다.

바쁘게 살다 보면 아이의 마음에 어떤 변화가 일어나는지 알아채기 어려울 수 있다. 아이가 갓 태어나 모든 것이 신기할 때는 아이의 변화 하나하나에 관심을 가지고 박수를 보내지만, 아이가 걷기 시작하면서 잘못을 저지르거나 자기 주장을 하고 떼를 부리기 시작하면 성가시게 여기고 짜증을 낼 수 있다. 자기 생각을 아직 언어로 표현하지 못하는 아이는 울고 화내는 것으로 표현한다. 이런 아이의 마음은 느린 생각으로 바라볼 때 더 잘 이해할 수 있다. 조부모의 느린 시간은 마음의 변화를 알아채고 이해해주며 돌보는 데 적합한 듯하다.

또한 조부모는 부모가 아니기에 아이를 자기 분신으로 여기지 않고, 부모보다는 비교적 덜 자신과 동일시하면서 아이의 미래를 내다볼 수 있다. 부모는 아이의 개성을 중시하기보다 자신이 세운 목표를 강요하고 다른 아이들과 비교하면서 조급해하기 쉬운데, 조부모는 손주의 발달이 더디더라도 지켜볼 수 있고 행동이 굼뜨더라도 여유 있게 기다려줄 수 있다. 아이들은 하루아침에 크는 것이 아니라 발달 단계를 하나하나 거치면서 천천히 자란다. 조부모는 이 세상에서의 첫 삶을 시작하며 적응해가는 손주의 발달을 긴 호흡으로 바라보며 채근하지 않고 돌볼 수 있다.

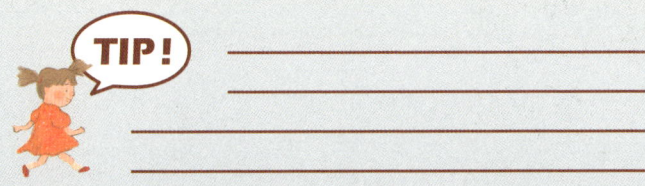

- 할머니 할아버지는 갓 세상에 태어난 손주에게 부모와는 다른 사랑을 줄 수 있어요.

- 인생 후반부에는 특히 사람들과 관계를 맺으면서 친밀감을 느끼는 게 중요해요. 손주를 돌봐주면서 아이에게 사랑을 주고, 부모가 된 자녀와 대화를 나누면서 행복한 노후를 보내기로 해요.

- 여유 있게 천천히 때론 느릿느릿해 보이는 조부모님은 항상 바쁘고 뭐든 빨리 하려고 하는 젊은 부모의 부족한 점을 채워줄 수 있어요. 할머니, 할아버지의 지혜를 아이에게 전해주세요.

2

내 아이가 아니라
더 불안한 손주 육아

"엄마, 애가 탈장이라 수술해야 한대. 너무 울어서 그렇다네?" 내가 손자를 봐줄 수 없는 동안, 딸은 손자를 어린이집에 맡기고 직장에 다니다가 전화를 걸었다. 낯선 어린이집에서 아이는 울고 또 울었던 모양이다. 정말 운다고 탈장이 되었을까? 믿기지는 않았지만 어린이집을 다닌 지 채 한 달이 지나지 않아 손자는 탈장 수술을 받았고, 나는 아이에게 많이 미안했다. 손주를 돌보면서도 아프지는 않을까 항상 불안하지만, 남의 손에 맡겼을 때 더 그렇다는 것을 느꼈던 사건이다.

자녀들의 부탁에 손주를 돌보겠다고 나서긴 했지만 불안한 마음이 드는 건 어쩔 수 없다. 자기 자식을 키워본 경험을 바탕으로 아이를 안아주고 목욕시키고 돌보는 건 전문가 못지않게 익숙하겠지만, 그것만으로 육아가 되는 건 아님을 알기 때문이다. 육아를 맡게 되면, 과거 내 아이를 키울 때의 기억을 자연스럽게 끄집어내게 된다. 그땐 별다른 지식 없이도 아이를 먹이고 입히고 학교를 보내면 부모 노릇을 잘한다고 여기던 시절이다. 그러나 오늘날의 관점으로 돌아보니 그때 잘못했거나 아쉬운 일들이 떠올라 자식에게 미안하고 후회되는데, 손주 육아를 과연 잘할 수 있을지 불안하다. 게다가 내 자식도 아프거나 사고가 나거나 혹은 말을 듣지 않아 속을 끓였는데, 손주에게 그런 일이 벌어지면 어떻게 해야 할지 걱정이 앞서는 것이다.

아프거나 사고라도 나면?

손주를 돌볼 때 가장 염려되는 것은 아이가 다치거나 사고가 나는 상황이다. 아이가 누워 지낼 때는 울면 그저 먹이고 기저귀를 갈아주고 재워주면 되지만, 기어 다니고 걷고 나면서부터 여기저기 다치거나 사고가 나기도 한다. 아이가 아프거나 다치게 되면, 조부모는 자신이 잘못 봐서 이런 일이 일어난 게 아닌가 하는 죄책감에 시달리고 직장에 나가는 부모는 자기가 직접 돌보지 못해서라고 탓하며 아이에게 미안해한다. 조부모 육아를 시작하기 전에 미리 아이 부모와 걱정되는 점을 이야기하고, 그럴 경우 어떻게 대처할지 의논해두자. 그렇지 않으면 어떻게 문제를 해결할지 몰라서 당황할 수 있다.

　질병과 사고는 우연에 의한 것이기에 아무리 조심해도 발생할 수 있다. 그럼에도 미연에 방지할 수 있는 일은 미리미리 대비해 조심하는 것이 좋다. 아이를 다치게 할 만한 물건들은 아이의 손이 닿는 곳에 놓아두지 말고, 아이가 움직이다가 머리를 찧을 수 있는 가구 모서리에는 천이나 스폰지를 붙여놓자. 아이 혼자 방에 들어가 방문이 잠겨버리는 불상사를 막기 위해 문 손잡이에 캡 같은 것을 씌워두자. 대부분의 경우 아이를 혼자 놀게 놔두고 조부모가 자기 할 일에 빠져 있을 때 사고가 나곤 한다. 아이를 맡아 돌보기로 했으면 육아에 집중하자. 집안일을 하느라 아이에게 신경 쓰지 않으면 아이는 외로움을 느껴 심리적으로 좋지 않고, 이것저것 만지다 사고를 저지르기 쉽다. 걷기 시작해 놀이터에 나갈 때는 아이에게서 눈을 떼지 않고 붙어 있는 것이 좋다. 사고는 눈 깜짝할 사이에 일어난다.

질병을 예방하기 위해 가장 먼저 할 일은 우유병 소독이다. 살균되지 않은 젖병을 사용하면 장염이나 설사를 일으킬 수 있다. 우유병을 소독할 때는 젖꼭지를 빼고 병과 젖꼭지를 깨끗이 씻은 다음, 우유병은 3분 정도, 젖꼭지는 30초 정도 삶아준다. 아이들이 열이 나는 이유 중 하나는 요로 감염이다. 요로 감염을 예방하기 위해서는 아이의 외음부를 깨끗하게 유지해주는 것이 중요하다. 특히 배변한 뒤에는 깨끗하게 닦아야 하는데, 여아의 경우 항문에서 질로 균이 옮겨가는 것을 막기 위해 앞에서 뒤로 닦고, 물로 씻어줘야 한다.

집에서만 머무는 아이도 감기에 걸리는데, 어른들이 밖에서 묻혀 온 바이러스 때문이거나 건조한 공기, 온도 등이 원인일 수 있다. 집의 습도를 조절하고 실내 온도를 너무 높게 유지하지 말자. 어른들이 아이를 만나기 전에는 반드시 손을 씻고, 외출복을 벗고 만지도록 하자. 아무리 예뻐도 아이에게 뽀뽀는 볼에만 하고, 입에 하는 것은 삼가는 게 어떨까. 어른에게 충치가 있는 경우 아이에게 전염될 수 있다고 치과 의사들은 경고한다. 아이가 이유식이나 밥을 먹기 시작하면, 조부모들은 무의식적으로 자신이 먹던 수저로 아이에게 음식을 먹이기 쉽다. 옛날에는 아이들을 그렇게 키웠으니까. 그러나 그런 행동 때문에 면역력이 약한 아이가 감염될 수 있으니 조심하도록 하자.

주의하며 돌보는데도 아이가 아프거나 사고가 난다면, 그건 어쩔 수 없는 일이다. 위급 상황에 처하면 어떻게 행동할지 아이 부모와 미리 의논하고, 그에 따르도록 하자. 예를 들어 경미하게 열이 나거나 아프면 동네 소아과를 간 후 부모에게 연락하고, 많이 다치거나 심하게 아플 때는 즉각 부모에게 알려 큰 병원으로 데려간다는 식으로 약속을 해놓는 것이다. 아픈 아이를 돌보는 것은 더욱 지치는 일이다. 아프지 않게 미리미리 방지할 수 있다면 그것이 최선이다.

뒤처지거나 말을 안 들으면?

요즘 아이들은 예전에 비해 발달이 빠르고 더 똑똑한 것처럼 보인다. 일찍부터 좋은 교육을 많이 받아서일까? 이웃집 아이들이 문화 센터에 다니면서 영아 교육을 받는 것을 보면 조부모는 자신과 지내면서 아이의 발달이 혹시 뒤처지는 건 아닌지 불안해질 수 있다.

이 시기에 아이에게 가르쳐줄 것은 조부모도 충분히 해줄 만한 것들이다. 아이의 뇌는 생후 3년간 급속히 발달하기 때문에 적절한 자극이 필요하다. 첫 1년 동안은 안정적인 애착을 형성하도록 따뜻하게 반응해주고 돌봐야 한다. 또한 오감 발달이 이뤄지도록 시각, 청각, 후각, 미각, 촉각을 자극시켜야 한다. 아이를 마주 보고, 말을 걸며 음악을 들려주고, 냄새를 맡게 하고, 이유식을 먹이며 미각을 깨우고, 또 마사지를 해주거나 다양한 물건을 만져보게 하면서 촉각을 깨워주는 것이다. 교육 기관에 따로 가지 않아도 일상생활을 통해 아이는 충분히 오감 교육을 받을 수 있다.

대근육, 소근육이 발달하는 시기에는 아이가 기거나 걷고, 뛸 때 옆에서 지켜보고 박수 쳐주며, 함께하는 놀이를 통해 발달을 촉진시킬 수 있다. 또한 아이에게 끊임없이 말을 걸며 물건의 명칭을 말해주고 이것저것 표현을 가르쳐주며 노래를 불러주면 아이는 그 과정을 통해 말을 배우고 단어를 연결해서 문장을 사용하며 음을 익히게 된다. 조부모가 놀이 상대이자 언어 교사, 음악 선생님이 되는 것이다.

아이가 조금 크면서 말을 점점 듣지 않을 때는 적절치 못한 행동을 할 때 일관성 있게 관심을 주지 않거나 주의를 주며 훈육 교사가 될 수도 있다. 조부모가 아이는 하지 못하게 금지하면서 아이 앞에서 같은 행동을 하면 훈육이 불가능하다. 조부모 스스로 좋은 본보기가 되면서 아이 앞에서 행동하고, 계속 반복하면서 버릇을 들

여야 한다.

  손주가 뒤처지지 않을까, 말을 듣지 않을까 염려하기보다는 조부모가 적극적으로 육아법을 공부하며 실천하고, 놀이법을 익히고, 노래를 배우면서 인생 후반기에 육아 전문가가 되어보는 게 어떨까. 요즘 육아법을 배우다 보면, 과거의 육아가 얼마나 주먹구구식이었는지 깨닫게 될 것이다. 방식은 잘 몰랐을지라도 사랑으로 키운 자식들이 잘 자라서 자기 몫을 하며 사는 것에 고마움을 느낄 수도 있다. 과거에는 몰라서 저지른 실수를 손주에게는 하지 않도록 경계하면서 아이의 마음이 다치지 않게 주의하며 밝게 자라도록 해주자. 열심히 육아를 하는 조부모 덕분에 손주는 행복한 어린 시절을 선물 받고, 조부모의 적극적인 인생에 대한 태도를 배우면서 미래를 향해 나아가게 될 것이다.

조부모는 부모가 아니다

조부모는 육아를 하면서 자신이 아이에 대한 모든 책임을 짊어진다고 여기며 자기 방식대로 양육하곤 한다. 그러나 어디까지나 조부모는 대리 양육을 맡고 있을 뿐 아이의 부모가 아니라는 점을 명심하자. 요즘 청년들은 늦은 나이에 결혼해 아이도 심사숙고한 후 계획해서 낳는 경향이 있다. 그러다 보니 아이 부모는 교육관이나 자기 아이에 대한 가치관이 확실한 편이다. 책이나 인터넷을 통해 육아에 관한 지식을 습득하고 자기 의견을 분명하게 가지고 있다. 조부모는 자기 경험이나 생각이 옳다고 고집 부리지 말고, 아이 부모와 육아법을 의논하고 부모의 의견을 존중하면서 아이를 돌보도록 하자. 손주를 돌보기로 마음먹은 건 손주가 잘 자라기를 바라기 때문이 아닌가. 그렇다면 부모와 함께 원칙을 세우고 일관성 있는 육아를 해야 한다. 조부모가 한순간 편하려고 이랬다저랬다 하거나 부모와는 전혀 다른 방식으로 아이를 돌본다면, 아이는 부모와 조부모 사이에서 혼란스러워하고 떼를 쓰며 점점 감정을 조절하기 어려운 상태에 이를 수 있다. 예를 들어 부모가 아이의 텔레비전 시청을 금지하는데 조부모는 집안일을 하기 위해 텔레비전을 틀어놓고 아이를 그 앞에 맡겨두거나 아이가 칭얼거릴 때 사탕으로 달래주다가 어느 순간에는 안 된다고 금지하면 아이는 무엇이 옳은지 알지 못하고 행동을 통제하기 어려워질 수 있다. 시간과 노력을 들여 아이를 돌보는 육아가 아무 보람 없는 헛수고가 되지 않으려면, 부모와 함께 세운 원칙을 지키도록 하자. 아무리 직장에 가서 지금 집에 없다고 해도 육아의 책임은 전적으로 부모에게 있고, 조부모는 아이의 부모가 아니라는 점을 기억하면서.

- 아무리 조심해도 아이는 사고가 나거나 병이 날 수 있지만, 미리 대비할 수 있는 건 최대한 신경 써주세요.
  - 문이 잠겨 아이 혼자 방에 갇히지 않게 손잡이나 잠금 장치를 미리 손봐두세요.
  - 위험한 물건은 아이 손이 닿지 않는 곳에 두고, 넘어질 만한 큰 물건은 치워주세요.
  - 가구 등 뾰족한 모서리에는 보호 쿠션이나 캡을 붙여주세요.
  - 우유병을 꼭 소독 후 사용해주세요.
  - 아이의 기저귀를 수시로 살펴보고, 대소변 후 깨끗이 몸을 씻겨 주세요.
  - 아이가 아무리 예뻐도 입술이 아닌 볼에 뽀뽀해주세요. 침이 섞이지 않게 먹던 수저로 아이에게 음식을 주지 말고 아이 전용 수저를 사용해주세요.

- 아이에 관한 모든 책임은 할머니, 할아버지가 아니라 엄마, 아빠에게 있어요. 조부모님은 아이 부모가 세운 육아 원칙을 존중하고, 일관성 있게 아이를 대해주세요.

3

내 자식이 아닌,
한 아이의 부모와의 관계

손자를 보러 딸 집에 갔다가 옷장을 열어보고는 깜짝 놀랐다. 손자가 돌이 되지도 않았는데 3세, 4세, 5세짜리 옷과 신발을 준비해놓고 연령별로 태그를 붙여 정리해놓았기 때문이다.
"얘, 애기 옷도 유행이 있을 텐데 이런 거 입히지도 못하고 신기지도 못하면 어쩌려고 벌써부터 사서 쟁여놓고 그래?"
내 입에서 잔소리가 마구 쏟아져 나왔다. 딸은 자기가 바빠 옷이랑 신발 사러 갈 시간도 없을 것 같아 세일할 때 미리미리 사두었다고 대답했다.
"그렇구나. 어쩌면 네가 더 현명하게 살림을 하는 건지도 모르는데, 내 머리로는 어째 이해가 안 되는구나!"
이후 딸은 쇼핑을 하면 내 눈치를 보는 듯했고, 나는 되도록이면 간섭하지 않으려고 못 본 척 입을 다물었다.

공동육아의 득과 실

누구나 어떤 결정을 내릴 때 무의식적으로 득과 실을 계산한다. 조부모에게 손주를 봐달라고 부탁할 때 아이 부모도 득실 계산을 하겠지만, 조부모도 마찬가지다. 과거와 달리 신세대 조부모들은 배운 것이 많고 활동도 활발하기 때문에 조부모 육아를 하는 동안 아무것도 하지 못하고 손주에게 매달리는 게 좋을지 저울질하게 된다. 오랫동안 자녀들을 뒷바라지하다 출가시킨 후 빈 둥지같이 느껴지던 집에 점점 익숙해지고 이제는 홀가분해져 자유를 누리려 하는 순간이기 때문이다.

 자기 인생보다 손주가 행복하게 잘 자라는 것이 더 중요하다는 쪽으로 저울추가 확실히 기울면 쉽게 결정을 내리게 된다. 조부모의 희생에 보람을 느끼게 할 만큼 아이 부모의 직장이 탄탄하고 인정받는 곳이라면 더욱 쉽게 결정할 수 있다. 그렇지 않다면 조부모 육아를 해야 할지 말지 더 따져보게 된다. 월급이 적거나 불안정한 직장이라면, "돈 얼마나 번다고 집에서 애나 키우지"라는 말이 나올 수 있다. 손주 한 명 봐주고 나면 다른 자녀들 역시 줄줄이 아이를 맡기려 하고, 그러다 보면 어느덧 10년이 훌쩍 지나버릴 수 있기 때문이다.

또한 딸이나 며느리와 관계가 좋다면 도와주고 싶어서 기꺼이 육아를 맡겠지만, 평소 자녀들이 이기적이거나 싹싹하게 굴지 않았다면 손주를 봐주고 싶지 않을 수 있다. 자칫 힘들게 아이를 봐주고 관계가 더 나빠질 수도 있기 때문이다. 게다가 아이를 보다가 아프거나 잘못된다면 자기 책임이 아닌가.

관계의 열쇠는 조부모에게 있다

그럼에도 손주를 봐주기로 했다면, 아이 부모와 좋은 관계를 맺어야 한다. 아이 부모와 사이가 나쁘고 대화가 잘 이뤄지지 않으면 조부모 육아는 어려워진다. 좋은 관계를 위해서는 더 어른인 조부모가 먼저 자녀에게 마음을 열고 이해해주려는 자세가 필요하다. 아이 육아를 맡긴 자녀들은 조부모의 눈치를 보며, 어떻게든 조부모의 마음을 사기 위해 노력할 것이다. 그런 노력에 좋은 마음으로 반응해주고 다독여주면 어떨까. 예를 들어 퇴근할 때 조부모에게 드리려고 간식을 사오면, "고맙다. 너무 맛있네. 그렇지만 다음엔 이런 것까지 신경 쓰지 않아도 괜찮아"라고 말해주면 기분이 좋을 것이다. 그런데 "돈도 없다면서 매번 이런 데 돈을 쓰냐?"라고 타박하면 사온 사람의 마음은 어떨까? 조부모에게 아이를 맡기고 직장에 나가는 게 죄송스러운데, 자기 행동을 못마땅해하는 태도를 보인다면 관계가 어그러지기 시작할 것이다. 좋은 의도로 시작한 손주 돌보기가 가족들의 마음에 상처를 내지 않도록 어른답게 너그러운 마음으로 품어주자.

요즘 젊은이들은 한 살만 어려도 세대 차이를 느끼며 서로를 이해하기 어렵다고들 하는데, 조부모와 젊은 부모 세대는 삶의 방식이 달라도 너무 다를 것이 분명하다. 직장에 다니며 시간이 부족한 젊은이들은 편리함 위주로 생활한다. 가사 노동을 줄이기 위해 미리 손질된 식재료나 상품화된 반찬을 배달시키고, 결혼 전 입맛 그대로 군것질거리로 식사를 대신하기도 한다. 조부모의 시각에서 보면, 옷이나 머리 스타일도 엄마답지 못하고, 돈이 없다고 투덜대면서도 불필요해 보이는 아이 물건이나 비싼 장난감을 사는 모습이 마음에 들지 않을 수 있다. 같이 살지 않을 때는 잘 알지 못했던 자녀들의 삶의 태도가 손주를 양육하면서 눈에 들어오고 거슬리기 시작한다. 그런 일에 대해 사사건건 잔소리하거나 못마땅한 표정을 짓는다면, 관계는 껄끄러워질 수밖에 없다. 큰 잘못이 아니라면 웬만한 일에는 성인이 된 자녀의 삶을 존중해주는 것이 좋다.

조부모가 아이의 부모에 대해 못마땅하게 생각하면 손주를 대하는 태도에 영향을 미치기도 한다. 갈등은 사소한 말 한마디로 시작되기 마련이고, 점점 서로를 상처 입히고 대화가 단절될 수 있다. 그러면 가장 피해를 입는 사람은 아이가 아닐까? 부모와 조부모가 아이에 대해 의논하고 같은 방향으로 육아를 해나가야 하는데 서로 대화하지 않고 마치 사이가 나쁜 경쟁자처럼 서로를 냉랭하게 대하며 정보 교환을 하지 않는다면, 육아의 일관성이 무너지고 아이는 그 사이에서 혼란스러울 수 있다. 조부모가 마음을 열고 자녀의 생활 방식을 이해해주면서 아이들 부모가 아이에 대해 의논하려고 할 때 긍정적으로 반응해주고 그들의 육아 지침을 따라주는 것이 좋은 관계의 열쇠다. 조부모 육아를 하는 이유는 손주를 잘 키우기 위해서지 자녀들의 삶에 간섭하기 위해서는 아니니까.

보상도 표현도 확실하게

앞서 언급한 통계에 따르면 맞벌이 부부 가운데 절반 이상이 조부모에게 육아를 부탁하면서 사례비를 드리고 있다. 물론 베이비시터에게 맡기는 것에 비하면 훨씬 적은 비용이지만, 아직 경제적으로 안정되지 않은 젊은 부부에게는 생활비 지출 내역 중 많은 비중을 차지한다. 한편 조부모가 경제적으로 여유 있는 경우에는 사례비를 받는 것이 불편해 돈을 받지 않거나 오히려 조부모가 보태주려 하기도 한다. 아이를 돌보는 힘든 일을 해주는 조부모에게 감사의 표시로 사례비를 드리는 것은 당연한 일이다. 특히 노후 자금이 충분치 않은 조부모에게는 그 사례비가 주요 수입원이 되기도 한다.

그럼에도 사랑으로 하는 일을 돈 때문에 하는 일로 만드는 사례비는 조부모에게나 아이의 부모에게나 불편한 존재다. 돈 때문이라면 손주가 아닌 다른 아이를 돌보는 베이비시터가 되거나 다른 일을 하는 것이 수입이 더 높을 수도 있다. 조부모들은 돈이 중요한 것이 아니라 자녀에게 고맙다는 말 한마디를 더 듣고 싶어 한다. 하지만 마음이 가는 곳에 돈이 간다는 말이 있듯 고맙다고 하면서 감사 표현을 전혀 하지 않는다면 그 역시 섭섭하고 고까울 수 있다. 그러니 자녀로부터 고맙다는 말을 듣고 싶다고 불평하기보다 없는 형편에 사례비를 챙겨주는 자녀의 마음을 헤아려 조부모가 먼저 고맙다는 표현을 해보자. 경제적으로 더 여유 있더라도 자녀가 주는 사례비를 감사하게 받고 고마움을 표현하면서 다른 방식으로 경제적인 도움을 주면 어떨까. 조부모가 고마운 마음을 표현해주면 자녀는 한편으로 미안하면서도 사랑과 지지를 받는다는 생각에 더 잘해드리고 싶은 마음이 들 것이다.

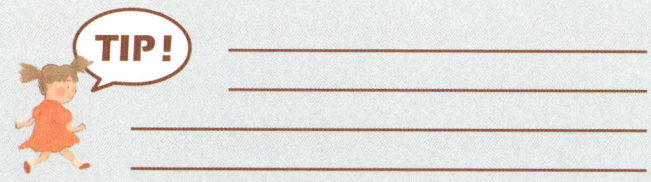

- 잠시 자유로운 노후 생활을 내려놓고 사랑하는 자녀와 그 자녀가 낳은 사랑스러운 손주를 위해 육아를 돕기로 나선 만큼 아이 부모와 좋은 관계를 유지하는 게 좋아요.

- '다름'이 '틀림'이 아니므로 요즘 육아법이나 자녀들의 생활 방식이 예전과 많이 다르더라도 아이 부모의 입장에서 이해하고 넓은 마음으로 품어주세요.

- 아이 부모가 감사의 표시로 양육비를 챙겨주면 사양하지 말고 받도록 해요. 할머니, 할아버지가 손주를 봐주는 건 당연한 일이 아니라 응당 사례를 받아야 하는 일이 아닐까요?

4

그럼에도 당신의 삶이 먼저다

—

"할머니, 나 일어났어요."
손자는 아침에 일어나 부엌에서 일하고 있는 나를 부른다. 방으로 가면 손자는 침대에 서서 팔을 벌리고 웃으며 내게 업어달라고 애교를 부린다. 이런 아이의 신호를 어떻게 모른 체할 수가 있을까? 내가 등을 대주면 아이는 펄쩍 뛰어 업히고, 우리는 좋다고 껄껄거리며 거실로 나온다. 아침마다 벌어지는 이 일상은 손자와 내가 서로 사랑을 표현하고 확인하는 방식이었지만, 매일을 그렇게 업어주다가 결국 나는 무릎과 허리가 삐걱거리고, 정형외과를 다니며 치료해야 했다. 그러다가 짬을 내서 일주일에 두 번 요가 수업에 참석하면서 통증은 사라졌고, 새로운 사람들을 만나면서 또 다른 에너지를 충전할 수 있었다.

나이가 들어도 부모가 자식을 사랑하는 마음은 끝이 없다. 조부모가 되어서 손주를 봐주는 이유는 손주가 예뻐서이기도 하지만, 사랑하는 아들, 딸이 직장에 나가 일하는데 무엇이라도 보탬이 되어주기 위해서다. 그러다 보니 몸이 힘들어도 아랑곳하지 않고, 일의 범위나 한계를 두지 않고 아이를 돌보면서 집안 살림을 해주게 된다.

건강 지키기

나이가 들어가면서 친구들을 만나면 "몸이 여기 아프다", "저기 아프다" 또는 "누구는 암에 걸렸대"라는 이야기가 주를 이룬다. 노인기에 접어들면서 가장 중요한 문제는 건강이다. 건강이 나빠지는 과정은 눈에 보이지 않는다. 서서히 악화되다가 어느 날 갑자기 움직일 수 없을 정도로 아프기도 한다. 요즘 다들 관리를 잘해 겉보기에는 젊어 보여도 이미 노화가 시작된 조부모가 아이를 보는 일은 쉽지 않다. 아이를 돌본다는 것은 한시도 아이에게서 눈을 떼지 않고 주의를 기울이며 몸을 써서 돌봐야 하는 일 아닌가. 안거나 업어주고 기저귀를 갈아주는 등 점점 무거워지는 아이를 들고 오르락내리락하다 보면 허리와 무릎이 상하고 손목이나 손가락 관절에 무리가 오기 마련이다. 젊은 엄마들도 아이를 보면서 손목 관절이나 허리가 상하곤 하는데, 조부모에게 몸에 무리가 오는 건 당연하다.

 건강을 잃으면 손주를 봐주고 싶어도 할 수 없다. 육아를 잘하기 위해서는 조부모가 자기 건강을 미리미리 챙기는 게 좋다. 관절염이 시작되는 시기이니 비타민이나 관절에 좋은 보조제를 열심히 복용해보면 어떨까. 보조제 덕분에 관절이 훨씬 부드러워질 수 있다. 그리고 아이를 보는 동안 집에서 운동을 열심히 해보자. 중간중간 팔을 들어 올려 몸을 쭉 펴는 스트레칭을 하고, 옛날에 하던 보건 체조를 기억해내서 해보자. 유튜브 영상을 활용해도 좋다. 하루에 10~20분간 짬을 내서 매일 운동을 하면 허리와 무릎을 유연하게 유지하는 데 도움이 될 것이다. 손을 오므렸다 폈다 하고, 손가락을 하나하나 접었다 펴고, 손목을 위아래로 돌리면서 손 운동도 하자. 신경 쓰고 노력하는 만큼 건강을 지킬 수 있다.

아이와 함께 운동을 해도 좋다. 너무 점잖게 아이를 돌보지 말고, 몸으로 함께 춤을 추거나 기차놀이를 하면서 이 방 저 방을 돌아다니거나 동물 흉내를 내면서 엎드려 기어 다니면 어떨까. 아이가 걷고 뛰는 게 가능해지면 가벼운 공을 가지고 밖에 나가 던지거나 발로 차면서 공놀이를 할 수도 있다. 이렇게 적극적으로 몸을 움직이며 놀다 보면 아이는 즐거워하고 조부모 역시 운동이 되고 기분이 좋아질 것이다.

잠시 아이와 함께 있어줄 다른 식구가 있거나 도우미의 도움을 받을 수 있다면, 문화 센터 등에서 요가나 수영을 규칙적으로 하는 것이 좋다. 요즘 요가 수업에는 아이를 보는 할머니들이 몸을 푸는 모습을 심심찮게 볼 수 있다. 상황이 마땅치 않으면 아이를 유모차에 태우고 동네 한 바퀴라도 걸어보자. 시간이 없어서 운동을 못 한다고 하지 말고, 건강을 잃으면 아무것도 할 수 없음을 되새기면서 건강 챙기기에 우선순위를 둬야 한다.

관계 지키기

친하던 사람들이 하나둘 세상을 떠나고, 가까이 살던 사람들이 멀리 이사를 가거나 아파서 거동을 못하면서 점점 인간관계의 폭이

좁아진다. 손주를 봐주는 경우가 늘어나 친구들이 모임에 얼굴을 내밀지 못하는 경우도 늘어날 것이다. 아이를 보면서 새로운 사람을 사귀는 것은 쉽지 않다. 손주와 친밀한 관계를 맺는 것은 좋지만, 아직 의사소통이 되지 않는 손주에게 묶여 친구나 지인을 만나지 못하면 우울증에 걸릴 수 있다. 코로나19로 사람들을 만나지 못하면서, 다들 우울해하는 것과 같은 이치다. 노인학자들은 나이가 들수록 적극적으로 사람을 만나고 활동해야 치매 예방이나 노화 방지에 좋다고 이야기한다. 세상 돌아가는 것을 알고 삶에 활기가 생기려면 사람들을 만나야 한다.

 아이 부모가 육아를 맡는 주말이나 공휴일에는 자유 시간을 가지며 사람들을 만나자. 다니던 교회나 성당, 절에 가서 사람들을 만나거나 친구와 약속을 잡고 만나거나 야외에 나가서 바람을 쐬면서 기분 전환을 해보자. 주중에 모임이 생기면 아이를 잠시 다른 사람에게 맡기거나 미리 도우미를 불러 빠지지 말고 참석하는 것도 좋다. 엄마들이 육아를 하다가 '경력 단절'로 재취업이 어려워지는 것처럼 조부모도 육아만 하다가 '관계 단절'을 겪으며 친구들을 잃을 수 있다. 아이가 어느 정도 자라서 데리고 다닐 만하면 편한 친구들 모임에 데려가보자. 여러 사람과 어울리는 법을 가르칠 수 있고 색다른 공간이나 음식을 경험하게 할 수 있다.

 육아 스트레스는 단지 아이 보는 일 때문에 생기는 게 아니다. 딸과 사위, 혹은 아들과 며느리와의 관계에서 오는 긴장과 갈등이 몸과 마음을 지치게 만들기도 한다. 낮에 직장에서 동료들과 수다를 떨거나 인터넷 커뮤니티나 SNS를 통해 이야기하면서 스트레스를 푸는 젊은 세대와 달리 조부모들은 하소연할 곳이 마땅치 않아 마음에 담아두고 마음속에 응어리가 질 수 있다. 아무리 자식을 사랑한다고 해도 딸이나 아들, 며느리, 사위가 항상 예쁠 수만은 없다. 조부모 육아를 하다 보면 자식들이 살림하고 사는 모습이 탐탁치 않기도 하고, 아이를 보느라 힘든 조부모의 처지를 이해하긴커녕 아이를 잘못 보고 있다는 듯이 말할 때는 섭섭할 수밖에 없다. 그럴 때 친구들과의 만남은 속풀이하기에 제격이다. 모임에 나가서 이야기하다 보면, 다른 이들도 자신처럼 자식에게 서운한 마음을 가지고 있음을 알게 될 것이다. 자기 딸이나 며느리만 그렇게 사는 것이 아니라 젊은 세대의 생활 방식이 그렇다는 것을 이해하게 된다. 그리고 친구와 대화하다 보면 자신의 육아 방식에 고리타분한 면이 있음을 인정하게 되고 요즘 육아법에 대한 지식도 터득하며 수긍하게 된다. 아무래도 자녀가 말할 때는 아니꼽게 들리던 이야기가 친구 모임에서는 고개가 끄덕여지는 신기한 경험을 하게 될 것이다. 그만큼 동질감을 느껴서가 아닐까. 그렇기에 친구와의 만남이나 모임은 단순히 잡담하는 자리가 아니라 돈을 들이지 않고 하는 '집단 상담'이 될 수 있다. 한바탕 속풀이를 하고 나면 마음속 응

어리가 풀리면서 치유의 효과도 볼 수 있고, 젊은 자녀와 어린 손주에 대해 새로운 이해를 할 수도 있다.

휴식 시간 갖기

휴식은 우리 삶에서 아주 중요한 요소다. 휴식은 쓸데없는 시간 낭비가 아니라 회복을 위해 꼭 필요한 시간이다. 운동하는 사람들은 운동 못지않게 휴식을 중요시하는데, 적당한 휴식을 취하지 않으면 오히려 역효과를 불러일으키기 때문이다. 조부모 육아를 할 때도 휴식을 통해 회복하는 시간을 반드시 가져야 한다. 무리한 활동을 한 다음에는 우리 몸이 정상적인 기능을 되찾고 회복할 시간이 필요한데, 아이 돌보는 일은 조부모에게 충분히 무리한 활동이 될 수 있다. 미 항공우주국 나사NASA의 연구에 따르면, 40분 정도의 짧은 수면으로 인해 업무 효율이 34퍼센트가량 향상된다고 한다. 아이가 낮잠을 자는 사이에 옆에서 잠깐이라도 눈을 붙여보자. 40분까지는 잘 수 없더라도 잠깐의 낮잠이 몸에 생기를 불어넣고 힘이 나게 도울 것이다.

매일 아이를 돌보느라 자기 시간을 제대로 갖지 못하는 조부모는 한가하게 쉬면서 자기 몸과 마음을 돌볼 필요가 있다. 주말에도

집에서 살림하느라 이리저리 움직이다 보면 하루 24시간이 모자랄 지경이다. 하지만 휴식의 중요성과 필요성을 잊지 말고 휴식 시간을 갖고 쉬면서 몸과 마음을 돌보도록 하자. 미뤄둔 드라마를 보거나 커피나 차를 한잔 마시며 음악을 듣거나 욕조에 물을 받고 반신욕을 즐겨보는 것이다. '잠 빚 sleep debt'을 갚듯 그동안 부족했던 잠을 실컷 자는 것도 좋다.

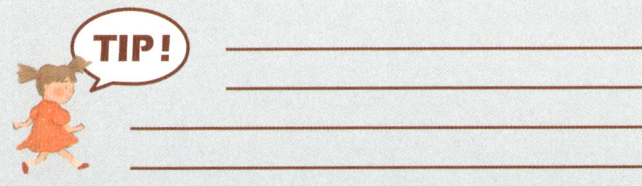

- 아이를 돌보다 보면 관절이 약해지기 쉬워요. 비타민이나 관절 보조제를 챙겨 드세요. 그리고 준비 운동처럼 육아를 시작하기 전이나 틈틈이 스트레칭을 해주면 좋아요.

- 할머니, 할아버지가 건강해야 우리 아이와도 몸으로 즐겁게 놀아줄 수 있어요. 육아를 쉬는 주말이나 평일에 잠시 짬을 내어 요가나 수영을 배워보세요.

- 육아 스트레스를 푸는 데는 친구들과의 수다가 제격이에요. 손주 돌보는 데 몰두하다가 친구들과의 관계나 모임에서 소원해지지 않도록 틈틈이 '인맥 관리' 해주세요.

- 매일 아이를 보는 일은 젊은 사람도 힘들고 지치게 한답니다. 아이가 낮잠을 잘 때 옆에서 한숨 눈을 붙이는 게 좋아요. 주말에는 아이 부모에게 육아를 맡기고 꼭 쉬어야 해요.

5

본격 손주 돌보기

―

"사랑은 몸으로 하는 거야"
"플라토닉 러브도 있잖아! 몸이 꼭 필요한 건 아니지"
"요즘 같은 시대엔 만나지 못해도 인터넷으로 사랑이 가능하잖아?"
친구들과 사랑에 대해 각자 다른 의견을 내며 이야기한 적이 있다. 그렇지만 갓 태어난 손자를 사랑하는 데는 몸이 꼭 필요했다. 아이를 울리지 않고 잘 돌봐주기 위해서는 내 몸을 끊임없이 움직여야 한다. 기저귀를 갈아 주고, 안고 우유를 먹여야 하고, 깨어 있을 때 눈을 맞추며 옹알이에 답해줄 때는 손으로 아이 머리를 받치고 안아주어야 하기 때문이다. 아이가 사랑스러워 힘든 줄도 모르고 들어올려 안아주거나 업어주곤 했다. 아이는 바로 그런 몸의 접촉을 통해 사랑을 확인하면서 무럭무럭 자라는 듯했다.

젊은 부모가 조부모에게 아이를 맡기는 이유는 가장 믿고 의지할 만해서다. 특히 인생의 첫 시기는 아이에게 가장 중요하지만, 아이가 말을 할 수 없고 마음대로 움직이지 못하며 울음으로만 신호를 보내기 때문에 어른들이 함부로 대할 수 있기도 하다. 조부모가 당연히 사랑으로 육아를 하겠지만, 육아법을 익히고 세심하게 신경을 쓰며 돌봐준다면 아이는 안정적으로 세상을 살아가는 힘을 기르게 된다.

울리지 않기

아이는 자신이 어딘가 불편하다는 것을 알리기 위해 울음으로 신호를 보내고, 양육자는 그 울음의 의미를 알아채고 반응해야 한다. 특히 생후 첫 3개월까지 아이는 가장 많이 운다. 배고픔, 기저귀가 젖었음, 졸림, 짜증남, 아픔 등의 의사를 울음으로 표현하는 것이다. 이처럼 울음은 불편하다는 신호이므로 그 의미를 민감하게 알아채고 빨리 반응해야 아이는 조부모를 신뢰하게 된다. 조부모는 아이를 길러본 경험이 있기에 울음의 신호를 비교적 잘 파악하는 편이다. 하지만 아무래도 반응이 느리기 때문에, 모든 것을 미리미리 준비해놓고 아이가 울 때 대처하는 것이 좋다. 분유를 탈 따뜻한 물과 분유통, 기저귀와 물티슈를 가까이에 준비해두자. 그리고 아이가 울면 우선 들어 올려 안아주고 기저귀가 젖었는지, 배가 고픈지를 확인하고 기저귀를 갈거나 우유를 준비하는 것이 좋다. 아이가 우는데도 아무 반응을 해주지 않으면 아이는 짜증을 내고 더 심하게 울 것이다. 시끄러운 울음소리를 듣고서야 조부모가 반응을 보인다면, 아이는 더 크게 울어야 반응이 온다는 걸 배우고 이후에는 더 심하게 울게 되고, 신경질적으로 변할 수 있다.

아이가 우는 것을 20분 이상 방치하면 스트레스 호르몬이 분비되어 뇌에 나쁜 영향을 미칠 수 있다. 아이가 심하게 울어도 아무 반응이 없으면 아이는 자기 울음이 쓸모없다고 생각해 울지 않는다. 이는 훈련의 결과가 아니라 세상에 대해 마음을 걸어 잠그는 반응일 수 있다. 이런 경우 옹알이나 미소 짓기 등의 감정 표현을 하지 않기도 한다.

먹이기

엄마가 산후 휴가 동안 모유 수유를 했다면, 아이는 엄마의 젖 냄새를 기억하고 엄마 냄새를 좋아할 것이다. 엄마와 신체 접촉을 하면서 아이는 안정감을 느꼈을 텐데, 조부모가 엄마처럼 모유 수유를 하는 자세로 수유를 하면 비슷한 느낌을 주는 데 도움이 된다.

  모유 수유를 하던 엄마가 직장에 나간 후 젖병을 물리면 아이는 먹지 않으려고 할 수 있다. 산후 휴가 동안 미리 젖병으로 먹는 연습을 했다면, 조금 수월하게 적응할 것이다. 모유를 유축기로 짜서 냉장고에 저장했다가 아이에게 주는 경우 젖병으로 먹어도 내용물이 같으므로 별 문제가 없지만, 모유를 먹다가 갑자기 분유로 바뀌면 소화를 시키지 못하거나 아이의 몸에 맞지 않을 수도 있다.

  분유는 맹물을 끓였다 식혀서 타는 것이 좋다. 먹일 때마다 뜨거운 물을 준비하기 번거로우므로 물은 온도를 맞춰 보온병에 넣어두었다가 사용하자. 분유에는 지방과 단백질이 많아 미리 타두면 쉽게 상하기 때문에 바로 타서 먹이는 것이 좋다. 그리고 아이들은 면역력이 약하기에 한 번 사용한 젖병은 소독해야 한다. 만 4개월이 지나면 젖병을 매번 소독할 필요는 없지만, 주기적으로 소독하는 게 좋다.

아이가 아직 어릴 때는 안고 수유하는 것이 애착 형성에 도움이 된다. 아이는 시각이 잘 발달되어 있지는 않지만, 젖을 먹으며 양육자의 얼굴을 바라보는 거리에서 사물을 알아볼 능력이 있다. 젖을 먹는 동안 조부모의 얼굴을 쳐다보면서 눈을 맞출 수 있는 것이다. 아이들은 청각이 발달되어 있어서 사람 목소리를 좋아하고 특히 여성의 높은 목소리를 좋아한다. 아이가 조부모 품에 안겨서 우유를 먹을 때 눈을 맞춰주고 부드러운 목소리로 말을 걸고 이야기를 들려주자. 아이는 그동안 사랑을 받는다고 느낄 것이다. 그때야말로 애착이 형성되는 골든 타임이 될 수 있다. 그러므로 수유하는 15분가량의 시간을 무료하다고 생각하며 핸드폰이나 텔레비전을 쳐다보지 말자. 아이를 안고 수유하다 보면 머리 무게가 만만치 않아서 팔이 뻐근하게 아프고 저릴 수 있다. 한 팔로 아이를 안고 다른 팔로는 젖병을 들고 입에 넣어주는 일이 만만치 않을 것이다. 수유 전에 소파에 앉아서 쿠션이나 수유 쿠션을 사용해 편안하게 한쪽 팔을 괴고 아이를 안고 수유를 하는 것이 좋다.

젖을 먹이고 난 뒤에는 아이를 세워 안고 등을 쓸듯이 토닥거려 트림을 꼭 시켜야 한다. 그렇지 않으면 젖을 먹으면서 삼킨 공기 때문에 토하기 쉽고 소화를 시키지 못해 깊이 잠들지 못한다. 특히 모유를 먹던 아이는 우유로 바꾼 후 소화에 어려움을 겪을 수 있다.

아이와의 스킨십

아이에게 스킨십은 아주 중요하다. 갓 태어난 아이는 감각을 통해 세상을 배우게 되는데, 여러 감각들 중에서 피부 감각, 즉 촉각이 가장 예민하게 발달해 있다. 피부는 뇌와 신경으로 연결되어 있어 약한 자극도 잘 전달한다. 그래서인지 아이가 미숙아로 태어났을 때도 인큐베이터 속으로 손을 넣어 주기적으로 쓰다듬어주면 빠르게 좋아진다고 한다. 신생아의 손을 건드리면 오므리고, 손가락을 넣으면 꽉 쥐는 반응을 하고, 발을 만지면 발가락을 쫙 펴는 반사 행동을 보인다. 시간이 날 때마다 아이를 만지거나 안아주거나 쓰다듬어주는 것이 좋다. 이런 스킨십은 아이의 뇌 발달과 신체 발달에 좋은 영향을 준다.

마사지는 아이에게 사랑을 표현하는 한 방식이다. 아이는 몸으로 사랑받는 걸 느끼고 긴장이 이완되며 심리적으로 안정된다. 어른들도 마사지를 받으면 기분이 좋아지는 것과 같은 이치일 것이다. 마사지를 받은 아이는 스트레스를 덜 받아 울음이 줄어들고 잘 잠들 수 있다. 마사지는 혈액 순환을 돕고, 소화를 잘되게 해서 영아 산통을 예방해준다.

  마사지는 받는 아이와 더불어 마사지를 하는 어른에게도 사랑의 감정을 불러일으킨다. 사랑하는 사람끼리 만지고 싶어 하고, 손을 꼭 잡고 다니듯 마사지하면서 아이와 눈을 맞추고 소통하다 보면 사랑의 기쁨을 느끼게 된다. 또한 아이를 마사지해주면 어른의 스트레스도 해소된다고 한다. 일본의 한 연구에서는 만 1세 미만의 아이에게 마사지를 막 끝낸 엄마들의 스트레스 지수를 측정했을 때, 스트레스가 절반 정도로 줄고 정신적으로 안정된 양상을 보였다고 한다. 엄마가 산후 우울증을 앓는 경우 아이에게 마사지를 하도록 권해보자. 마사지를 하면서 아이에게 사랑을 느끼고 엄마도 치유될지 모른다.

  마사지는 수유한 후 1시간가량 지난 다음에 하는 것이 좋다. 수유 직후 마사지를 하게 되면 아이가 토할 수도 있다. 또한 아이가 졸려서 칭얼거리는 시간은 피하는 것이 좋다. 마사지를 하다가 아이가 잠이 든다면 무리해서 끝까지 하려 하지 말고 중단하자.

  마사지를 하기 위해서는 손을 청결하게 한 후 따뜻하게 덥힌 다음, 반지 등의 장신구를 빼야 한다. 실내 온도는 아이가 옷을 벗고 있어도 춥지 않을 정도로 맞추고, 서늘하다 싶으면 얇은 천을 부분적으로 덮어주는 것이 좋다. 마사지할 때는 손의 힘을 빼고 부드럽게 만져야 한다. 손에 로션이나 베이비 오일을 묻힌 다음 팔다리를 주무르며 펴주고 몸도 부드럽게 문지르자. 단, 배를 마사지할 때는 반드시 시계 방향으로 해야 장 속의 음식물을 소화시키는 것을 도울 수 있다. 그리고 엎드린 자세로 몸을 뒤집은 후 등을 쓸어주자. 목욕을 시키면서 비누 거품으로 몸을 문지르거나 아침에 깼을 때 옷을 입히면서 팔다리를 조물조물 주무르며 마사지해줄 수 있다.

아이가 좀더 자라면 함께 놀이할 때 꼭 껴안아주고, 간지럼을 태우고, 침대에서 함께 뒹굴거리면서 몸으로 놀아주자. 사랑받는다는 구체적인 느낌은 신체 접촉을 통해 전할 수 있다.

뇌가 흔들리지 않게

아이를 달랠 때 안고 흔드는 경우, 머리가 심하게 흔들려 뇌 흔들림 증후군shaken baby syndrome이 생길 수 있다. 뇌 흔들림 증후군은 아이의 머리가 심하게 흔들릴 때 뇌출혈이나 망막 출혈, 뇌의 부종이 일어나는 것으로, 실명이나 발달 장애, 지적 장애, 간질, 사지 마비 등 치명적인 증상으로 이어지거나 심하면 사망에 이를 수 있으니 주의가 필요하다.

보통 아이를 안고 약간 흔들어주는 것은 아이를 평온하게 하고, 전정 기관을 자극해 몸의 평형 감각을 좋게 하고 성장을 촉진한다.

그래서 우는 아이를 달래고 재우기 위해 아이를 안고 흔들어주거나 전동 바운서나 전동 그네를 사용하기도 하는데, 이때 아이가 지나치게 흔들리면 위험해질 수 있다. 또한 자동차로 아이와 함께 이동할 때, 카 시트에 태우지 않고 아이를 안고 타는 경우 차가 급정거하는 순간 머리가 흔들려 위험하다. 아이를 키우는 집에서는 자동차에 카 시트를 반드시 장착해야 한다.

아이 홀로 침대나 소파에 올려두지 말아야 한다. 사고는 눈 깜짝할 사이에 일어날 수 있다. 아이는 높은 곳에서 떨어지면 머리가 무겁기 때문에 머리부터 땅에 부딪힌다. 잠시 부엌이나 다른 방에 가야 한다면, 아이를 매트가 깔린 바닥에 눕히자.

아이가 목을 가누지 못할 때는 머리가 흔들리지 않도록 목을 받치며 안아주고, 등에 업지 말자. 조금 자란 후 업어줄 때도 등 뒤의 아이가 벽에 머리를 부딪치지 않도록 세심한 주의를 기울이며 움직여야 한다.

낮잠 재우기

일반적으로 부모가 밤에 아이와 함께 자므로, 조부모가 수면 훈련을 시킬 필요는 없을지 모른다. 대부분의 아이가 낮잠을 자는데, 생후 6개월 정도까지 오전, 오후에 한 번씩 잠을 자고 18개월 정도에는 오전에는 거의 잠들지 않고 오후에 낮잠을 잔다. 낮잠을 재울 때는 아이 부모가 원하는 방식대로 재우는 것이 좋다. 부모가 힘들게 수면 훈련을 시키는데 낮에 조부모가 아이를 업거나 안아서 재워 버릇하면 아이가 밤에 잠들기 어려워할 수 있다. 아이 부모와 수면 훈련 방식을 의논하고 그에 따라 일관성 있게 낮잠을 재우자. 아이가 졸려하는 듯하면 아이가 쓰는 이불에 눕혀서 토닥거리며 재우면 된다. 낮에는 너무 조용한 환경에서 어둡게 하고 재울 필요가 없다. 부엌에서 딸그락거리는 작은 생활 소음 정도는 들으며 어둡지 않은 곳에서 자면서 낮잠이라는 것을 알게 하고, 아이가 잘 때 너무 예민해지지 않게 하는 것이 좋다.

옹알이에 대답해주기

아이는 뱃속에서부터 소리를 들을 수 있어서 태어나자마자 자기 엄마 목소리와 다른 목소리를 구별할 수 있다. 출생 후 4주가 지나면 인간의 말을 듣고 이해하는 데 필요한 음소를 구별할 수 있게 된다. 1~2개월경부터 모음의 소리를 낼 줄 안다. "우우"나 "아우"와 같은 소리를 내는데, 주로 수유를 한 뒤 기분이 좋을 때다.

3~4개월이 지나면 성대를 움직이며 자음이 섞인 소리를 내게 된다. "마마마" 혹은 "빠빠빠"와 같은 소리를 내면, 엄마나 아빠를 불렀다고 좋아하지만 사실 별 의미가 없는 소리다. 하지만 이런 옹알이는 자기 의지대로 소리를 만들어내는 연습을 하는 것으로, 언어 발달의 첫걸음이다. "마마마"라는 옹알이에 "마마마, 엄마 불렀어요?"라고 비슷한 톤으로 대답해주면, 아이는 자기 소리에 대한 반응임을 알게 된다. 생후 6개월 동안 아이들이 내는 소리는 전 세계적으로 비슷한데, 이는 언어가 아니라 뇌와 발성 기관 근육이 성장하면서 내는 소리이기 때문이다. 옹알이에 어른들이 반응해주면 아이는 대화의 규칙을 배워간다. 조부모는 되도록 낮은 목소리를 내기보다 높은 톤으로 아이의 소리에 반응하며 주의를 끌도록 하자. 그리고 아이와 마주 보면서 아이가 코를 만지면 "이건 코야, 코", 입을 만지면 "이건 입, 맘마를 먹는 입" 하고 끊임없이 말을 걸어보자. 아이와 높은 톤으로 이야기하다 보면 조부모의 기분도 덩달아 좋아질 것이다.

- 아이가 울면 되도록이면 바로 반응해주세요. 보통 배가 고프거나 기저귀가 젖었거나 졸리거나 어딘가 불편하면 아이는 울음으로 표현해요.

- 분유를 한꺼번에 미리 타두지 말고 아이에게 먹이기 전에 따뜻한 물로 바로 타주세요. 모유를 먹던 아이는 분유를 갑자기 먹으면 배앓이를 할 수도 있어요.

- 아이에게는 '촉각'이 가장 중요해요. 시간이 날 때마다 아이와 스킨십 해주세요. 아이 몸 구석구석 마사지해주는 것도 좋아요.

- 낮잠을 어떻게 재울지 아이 부모와 상의한 후 아이 부모의 수면 훈련법에 따라 비슷한 방식으로 낮에도 재워주는 게 좋아요.

- 아이가 옹알이를 할 때 마치 대답해주듯 아이의 소리를 똑같이 따라 해주면 언어 발달에 도움이 될 거예요.

6

할머니 할아버지와의
애착 형성

내게 일이 생겨 두 달 정도 손자를 봐주지 못하다가 다시 딸네 집에 갔던 날이다. 아직 말이 능숙하지 않아 잘 표현하지는 못하지만, 손자는 내 목을 끌어안고 꼭 안겨서 떨어질 줄 몰랐다. 그동안 나도 손자가 너무 보고 싶었지만, 손자도 내가 그리웠던 모양이다. 그리고는 자기 방으로 가자고 손을 끌고 가서는 새 장난감들을 보여주며 자랑을 하고 같이 놀자고 한다. 손자가 나를 사랑하는 방식은 이런 건가 보다.

요즘 많은 육아서에는 애착 육아, 애착 놀이와 같이 '애착'이라는 단어가 등장한다. 과거 조부모 세대는 듣지 못했던 단어다. 애착은 아이와 양육자 간에 맺는 지속적이고 강한 애정의 결속을 말한다. 아이가 엄마, 아빠의 사랑을 받으며 안정적으로 관계를 맺고 애착을 형성하는 게 가장 좋겠지만, 부모가 직장에 나가 하루 종일 함께 있을 수 없다면 조부모와 안정적인 애착관계를 맺는 것이 중요하다. 특히 어린 나이에 부모와 떨어져 지내는 아이들은 쉽게 우울해하고 사람을 피하거나 자주 아플 수 있다. 아이들은 제때 먹는 것만큼 따뜻한 사랑을 받는 것이 중요하다. 직장에서 일하는 부모를 대신해 아이에게 아낌없이 사랑을 주자.

신뢰 배우기

생후 2~3개월까지는 산모 대부분이 출산 휴가를 내고 아이 곁에 있겠지만, 이때부터 조부모가 돌보는 경우도 있을 것이다. 이 시기 아이는 아무것도 모르는 듯해도 자기 울음에 대해 배고파서 우는지, 기저귀가 젖어서 우는지 의미를 알아채고 제대로 반응해주면 울음의 빈도가 줄어든다. 생후 6주까지는 사람 얼굴을 봐도 사람인지 물건인지 구별하지 못하고, 혼자 있어도 크게 두려워하지 않는다. 하지만 신체 접촉에는 민감하게 반응하므로 자주 안아주거나 만져주고 얼굴을 맞대고 쳐다보는 것이 좋다.

 워킹맘이 출산 휴가를 마치고 직장에 복귀하면서 조부모가 육아를 시작하는 시기는 생후 3~4개월 정도가 가장 흔하다. 이 시기 아이는 아직 누가 누군지 얼굴을 구별하진 못하지만, 사람을 좋아하고 얼굴을 가까이 대는 대면 놀이를 하면 미소를 짓고 상대도 웃어주기를 기대한다. 이 시기에는 점점 불편함을 느끼는 정도가 줄어들어 덜 보채고, 잠에서 깨어 어른과 상호작용하는 시간이 늘어난다. 아이가 아주 예쁠 만한 시기에 조부모 육아가 시작되는 것이다. 이 시기 아이는 감각을 통해 세상을 접하기에 많이 안아주고, 눈을 맞추며 부드럽게 이야기해주고, 아이가 울 때마다 그 요구를 들어주는 것이 중요하다. 다른 일을 하다가도 아이가 울면 열 일 제쳐두고 얼른 안아주며 왜 우는지 확인하고 반응해야 한다. 아이를 울리면서 키워야 한다는 옛말은 애착 형성에 도움이 되지 않는다.

아이의 울음에 따뜻하고 신속하게 반응해주면, 아이는 자신이 가치 있는 사람이라는 자기 신뢰를 형성하게 된다. 또한 기저귀가 뽀송뽀송하고, 방 안이 따뜻하고, 배부르게 잘 먹고, 편안하게 안겨 있으면 자기 존재가 기쁘게 받아들여지고 있다고 느끼며 긍정적인 자기 모델을 가지게 된다. 나아가 세상은 편안하고 믿을 만한 곳이라고 느끼며 신뢰하게 된다. 반면 아무리 울어도 기저귀를 갈아주지 않고, 춥고, 배고프고, 혼자 남겨져 있다면 아이는 불안해하며 자신이 가치 없는 사람이라는 부정적인 자기 모델을 형성하고, 세상과 인간을 믿지 못하게 된다.

낯가림

6~7개월이 되면 시력이 좋아지고 주의를 기울일 수 있고 기억력이 생겨 부모나 조부모의 행동을 보고 기억할 수 있다. 그러면서 낯익은 사람과 낯선 사람을 구별하게 된다. 누가 자신을 주로 돌봐주고 어떻게 사랑을 베풀어주는지 알게 되면서 그 사람과 애착을 형성한다. 자기 불편함을 없애주고 즐거운 경험을 하게 하는 낯익은

사람이 조부모라면, 아이는 조부모와 상호작용하는 것을 좋아하게 된다. 기어 다닐 수 있게 되면서 조부모를 찾아다니며 떨어지지 않으려고 한다. 직장에 갔다가 집에 돌아온 부모보다 하루 종일 같이 있는 조부모를 더 좋아하는 일이 발생해 부모가 서운해할 수 있는 것이다. 아이들은 일관적으로 반응하는 엄마나 조부모에게 주로 애착을 형성하지만, 아빠나 다른 가족, 베이비시터가 정기적으로 아이의 요구를 충족시켜주면 그들에게도 애착을 보일 수 있다. 아이의 애착 대상은 여럿이 될 수 있지만, 반드시 한 명은 있어야 한다. 이 시기에는 낯가림이 시작되어서 모르는 사람이 가까이 다가와 만지려 하거나 안으려 하면 두려움을 느끼니 아이에게 낯선 사람에게는 아이를 맡기지 않는 것이 좋다.

동시에 조부모나 부모가 외출하려고 하면 떨어지지 않으려고 울고 매달리는 분리 불안 증상을 보이게 된다. 조부모가 쓰레기를 버리는 등 잠깐 나가야 할 일이 있다면 아이를 혼자 두지 말고 데리고 나가는 것이 좋다. 멀리 외출해야 해서 집을 오래 비울 때는 미리 계획해서 아이가 좋아하고 함께 잘 놀아주는 낯익은 사람에게 맡기고 나가야 한다. 아이가 떨어지지 않으려 해서 몰래 나가 버릇하면 아이는 조부모나 부모를 신뢰하지 못하고 불안해할 수 있다. 외출 전 아이가 울더라도 달래주면서 곧 돌아온다고 이야기해준 다음에 나가도록 하자. 특히 아이에게 낯선 도우미를 불러 맡기고 나가는 경우가 빈번해지면, 불안정 애착을 형성하기 쉽고 불안감을 잘 느끼고 공격성이 나타날 가능성이 높아진다.

안정적인 애착의 영향

생후 1년 동안 아이들은 자신과 세상에 대한 인식을 발전시켜가는데, 이 시기에 사랑으로 보살핌을 받으면 그것을 기억하지는 못해도 무의식에 저장되어 정서 발달과 대인 관계에 영향을 미친다. 어릴 때 조부모에게 따뜻한 사랑을 받은 애착 경험은 손주가 인생을 살아가면서 지속적으로 영향을 준다. 안정적인 애착 경험은 타인의 입장을 공감하고 배려하게 하며, 성인이 되어 연애를 하고 결혼 생활을 할 때 서로 신뢰하는 관계를 형성하게 한다. 나아가 부모가 된 후 양육 행동에도 영향을 미쳐 아이와 안정적이고 친밀한 관계를 맺게 만든다. 물론 살면서 겪는 경험에 따라 애착관계가 변하기도 하지만, 초기 조부모와 맺은 애착 경험이 손주의 전 인생에 걸쳐 영향을 미치고 대물림할 수 있다.

 충분히 사랑을 받고 애착이 잘 형성된 아이는 기어 다니거나 돌아다니면서 혼자 놀더라도 조부모가 주변에 있으면 안심하고 안정된 행동을 보인다. 조부모가 부엌에서 일을 해도 그 옆에서 칭얼대지 않고 편안하게 놀 수 있고, 조부모와 함께 이웃집이나 친척 집에 놀러 가서 호기심을 가지고 이것저것 살피며 만져보고 탐색할 수 있다.

　돌이 지나면 조부모는 아이의 행동에 경계를 정해 하면 안 되는 일을 제한해야 한다. 아이가 만지면 안 되는 물건, 먹지 말아야 할 음료나 사탕은 아이의 시야가 닿지 않는 곳에 두면 되지만, 조부모가 끼고 있는 안경을 만지거나 벗기려 한다든가, 변기 속 물을 만지려 한다든가, 누군가를 때리려 한다든가 등 일상생활에서 제지할 일이 생긴다. 애착관계가 잘 형성되어 있으면 아이는 조부모를 기쁘게 하고 싶어 하며 제한이나 금지를 잘 수용하고 자신을 조절할 수 있다. 반면 조부모와 애착 형성이 잘 이뤄지지 않았다면 말을 듣지 않을 가능성이 높다. 애착관계에 따라 앞으로의 육아가 수월해지거나 힘들어지기도 한다.

　2세가 넘으면 아이는 정신적으로 성숙하고 언어를 이해하게 되면서 애착 대상의 행동을 예측할 수 있게 된다. 안정적인 애착이 형성된 아이는 조부모나 부모가 외출할 때 다시 돌아온다는 것을 예상할 수 있으므로 분리 불안이 감소하고 울지 않고 기다릴 수 있다. 나아가 아이는 양육자와 협상하려 하고, 자신이 원하는 것을 부탁하기도 한다. 조부모가 어디에 가는지 물어본 다음 돌아올 때 아이스크림이나 과자를 사오라고 부탁할 수도 있다.

엄마, 아빠가 직장에 나가 일하느라 돌볼 시간이 부족해 마음이 허한 아이에게는 인생 초기 조부모가 베푼 무조건적인 사랑이 인생을 살아가는 밑거름이 된다. 조부모가 자기 기분에 따라 행동하지 않고, 아이에게 일관성 있고 민감하게 반응해주면 안정적인 애착을 형성할 수 있다. 그러나 조부모가 우울하거나 무심하거나 둔감하면 아이가 보내는 신호를 알아채지 못하고 안정적인 애착을 형성하기 어렵다. 자상하고 따뜻하게 돌봄을 받은 아이들은 자신과 세상을 신뢰하므로 타인과 공감하며 자기 절제력을 갖고 양심에 따라 인생을 살 수 있다.

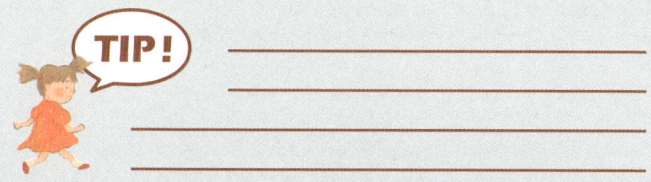

- 아이에게 신뢰를 심어주기 위해서는 아이가 울 때마다 바로바로 요구를 들어주는 게 중요해요. 아이가 울음으로써 무언가 표현하고, 그것이 바로 이뤄지면 자신이 사랑받는다고 느끼며 자신과 세상에 대한 신뢰가 쌓여요.

- 잠시 아이와 떨어질 때 아이를 울리지 않으려 몰래 나가면 아이가 불안해할 수 있어요. 아이가 울더라도 달래주며 곧 돌아온다고 말해주세요. 6~7개월이 된 아이는 낯가림을 시작하니 아이에게 낯선 사람에게 맡기는 건 좋지 않아요.

- 할머니, 할아버지와 안정적으로 애착관계가 형성되면 육아가 훨씬 수월해질 거예요. 아이는 사랑하는 할머니, 할아버지를 기쁘게 하려고 말을 잘 듣고 규칙을 따르게 됩니다.

7

아이의 특성에 따른 육아 방식

"항복! 그만 내려와. 내가 졌어!"
레슬링을 하자고 보채는 손자와 놀다가 등에 올라타는 손자에게 하는 말이다. 딸만 둘이었던 나에게 손자 키우기는 참 낯설었다. 아이가 순하기는 했지만, 딸들처럼 사근사근하거나 얌전하지 않았다. 동화책도 공주가 나오는 이야기를 읽어주면 듣기 싫다고 도망가버리고, 축구 선수가 나오거나 라이온 킹 같은 이야기만 좋아했다. 노는 방식도 달라 기차놀이나 트럭 놀이를 좋아하고, 레슬링처럼 거칠게 몸으로 하는 놀이를 하자고 졸랐다.

아이를 길러본 조부모는 저마다 개성이 달라 어떤 아이는 키우기 쉽고, 어떤 아이는 그렇지 않음을 경험했을 것이다. 아이가 부모를 잘 만나야 하듯, 부모도 아이를 잘 만나야 키우기가 편하다는 말이 있다. 열 손가락 깨물어 안 아픈 손가락 없듯 자식이 아무리 많아도 똑같이 사랑하고 평등하게 양육한다고 하지만, 아이의 특성에 따라 분명 키우기 어려운 아이가 있고 수월한 아이가 있다. 아이가 가지고 태어난 기질과 특성을 고려하지 않으면 육아가 더 힘들어진다. 손주의 성별과 기질에 따라 각각 맞는 육아 방식을 알아보자.

여자아이와 남자아이

과거 호주제 전통이 강하던 시절, 가문을 잇고 제사를 지낼 아들을 낳기 위해 공을 들였고, 이런 남아 선호 사상은 자연스레 남성이 여성보다 우월하다는 생각으로 이어졌다. 그러나 오늘날 호주제가 없어지고 여성들도 자기 꿈을 실현하고 성취하는 삶을 살게 되면서 남아 선호는 점차 사라지고 오히려 아들보다는 딸을 낳기를 소원하는 부부가 늘고 있다. 아들은 키우기도 힘들뿐더러 다 커서도 부모 마음을 잘 몰라주는 경우가 많은데, 딸은 비교적 수월하게 키우고 성인이 되어서도 부모를 더 잘 이해하고 살갑게 챙긴다는 것이다.

이런 생각은 어느 정도 과학적인 사실이다. 남자와 여자는 태어날 때부터 생식기의 차이와 더불어 태내 호르몬의 영향으로 뇌 구조에도 차이를 가지고 태어난다. 뇌는 오른쪽과 왼쪽이 분화되어 있는데, 남자는 뇌의 기능이 더 분화되어서 말을 하거나 공간 지각을 할 때 한쪽 뇌를 사용하지만, 여자는 양쪽 뇌를 골고루 사용하는 경향이 있다. 이런 현상은 태어날 때부터 보이며 뇌 기능이 달라서 남아와 여아는 사람 목소리에 다르게 반응한다.

뇌의 차이뿐 아니라 발달 속도에도 차이를 보인다. 일반적으로 여자아이는 시각, 청각, 기억, 후각, 촉각 등 모든 감각의 발달이 남자아이보다 더 빠르다. 물론 개인차가 있으므로 남자아이 중에서도 발달 속도가 빠른 아이가 있고, 여자아이 역시 더딘 아이가 있다. 여자아이는 사회성이 좋은 경우가 많아 사람의 소리나 얼굴에 더 잘 반응하고, 섬세한 운동 기술도 남자아이를 능가하며 언어 능력이 더 잘 발달한다. 여자아이는 어릴 때부터 공감을 잘해 다른 아이가 울면 자기도 따라서 울거나 다른 사람의 표정을 잘 읽으며 부모가 하지 말라고 하는 것은 하지 않고 기다리기도 잘한다. 사람을 좋아하고 잘 웃어주고 말을 잘 들으니 아이를 돌보는 입장에서는 여자아이를 돌보는 것이 한결 수월하다.

 반면 남자아이는 발달이 더디고 주의가 산만해 집중하기 어려워하며 청각 능력이 떨어져서 말을 듣지 않는 것처럼 보인다. 큰 소리가 나도 둔감하고 무디게 반응하는 이유다. 하지만 남자아이들이 더디긴 해도 결국 모든 영역에서 발달 결과는 비슷해진다. 남자아이가 여자아이보다 우수한 것은 시공간 지각 능력으로, 머릿속으로 사물을 90도 돌려서 볼 수 있는 정신 회전 과제를 더 잘 해낸다. 3세가량이 되면 길 찾기, 퍼즐 맞추기를 잘하고 손과 눈의 협응이 우수해 블록 놀이를 잘한다. 이런 능력은 창의력, 혁신 능력의 바탕이 된다. 게다가 남자아이들은 호르몬의 영향으로 활동성이 강하고 힘이 세서 위험한 일을 거침없이 저지르고 공격적인 행동을 하기도 한다. 아무래도 조부모는 자기 기준으로 판단하기 때문에 손자의 행동이 위험해 보이고 이해하기 어려우며 다루기 힘들 수 있다. 에너지가 넘치는 손자를 집 안에서만 놀게 할 때는 더욱 짜증이 분출해서 아이를 보는 일이 어려워진다. 남자아이의 특성을 고려해서 함께 놀이터에 데려가서 맘껏 뛰어놀며 에너지를 발산할 수 있게 해준다면 짜증이 줄고 기분이 좋아질 것이다.

한편 어린아이의 뇌는 고정된 것이 아니라 발달과 동시에 가소성plasticity이 있어서 어떤 경험을 하느냐에 따라 뇌가 변화한다. 남자아이가 언어 습득이 더디더라도 계속 말을 시키고 다양한 단어를 들려주거나 이야기를 해주면 언어를 주관하는 뇌의 영역이 발달하고 언어 능력이 개선된다. 손자가 무뚝뚝하고 반응이 없을지라도 자꾸 말을 걸어보자. 그리고 긴 이야기에는 집중하지 못할 수 있으니 짧게 이야기를 해주자. 반면 여자아이는 놀이를 통해 공간 지각 능력을 길러줄 수 있다. 손녀와는 퍼즐이나 블록 쌓기 놀이를 해보자. 그런 놀이를 통해 손녀의 공간 지각 능력을 개발하고 창의력을 키워줄 수 있다.

두세 살이 되면 여자아이는 여성적인 장난감과 놀이를 좋아하고, 남자아이는 남성적인 놀이를 좋아하는 경향을 보인다. 그러나 남녀 모두 다양한 놀이를 하도록 기회를 줌으로써 여러 능력을 길러주는 것이 좋다. 아이들이 앞으로 살아갈 세계는 다양한 능력을 갖춘 인재가 요구된다. 간혹 전통적인 사고방식에 따라 "너는 남자니까" 혹은 "여자 애가 그게 뭐니?"라는 말이 자신도 모르게 튀어나올 수 있지만, 그런 말은 삼가도록 하자. 남자아이가 트럭 놀이나 전쟁 놀이만 하고 여자아이가 인형 놀이나 소꿉장난만 한다면, 성 유형화되어 다양한 능력을 발달시키기 어렵다. '화성에서 온 남자, 금성에서 온 여자'처럼 다른 성을 이해하는 데 어려움을 겪을 수도 있다. 손자가 소꿉장난을 해도 괜찮고, 손녀가 활동적으로 밖에서 나무에 기어오르며 놀아도 문제가 없으니 아이들이 여러 놀이를 경험하도록 다양한 놀이법을 제공해주자.

기질에 따른 양육법

▶ 순한 기질

순한 아이는 태어나 세상에 잘 순응한다. 순한 기질의 아이는 모든 것이 규칙적이며, 잠투정이 별로 없고 잠에서 깨어나도 잘 울지 않는다. 깨어 있을 때는 혼자 장난감을 가지고 잘 놀기 때문에 조부모의 입장에서는 아주 편하게 아이를 돌볼 수 있다. 아이가 대체로 잘 웃고 울더라도 쉽게 달래지며 혼자서도 잘 놀기 때문에 자칫 아이를 혼자 놔두고 방심하며 집안일에 몰두하기 쉽다.

그러나 순한 아이라고 해서 요구가 없는 것은 아니다. 아이가 소심해서 표현하지 못할 수도 있다. 아이가 투정을 부리지 않고 순하니까, 말을 잘 듣고 착하니까 어른들은 덜 신경 쓰면서, 다른 아이들이랑 놀면서 장난감을 서로 갖겠다고 다투거나 음식을 더 먹으려고 할 때 순한 아이에게 양보를 요구하기 쉽다. 하지만 아직 어리므로 제대로 신경 쓰지 않거나, 매번 양보를 바라서는 안 된다. 순한 아이도 사랑을 받고 보살핌을 받아야 제대로 자랄 수 있다. 사랑받지 못하면 아무리 착하고 순하더라도 슬픔과 우울이 쌓이고 건강하게 발달하지 못한다. 순한 아이들은 섬세하기 때문에 어른들의 요구를 잘 들어주면서도 자신을 방치하거나 함부로 할 때 쉽게 상처를 받는다. 조부모는 아이가 울거나 보채지 않더라도 특별히 관심을 두고 아이가 무엇을 원하는지, 어떤 놀이를 좋아하는지, 어떤 음식을 좋아하는지 살피고 아이의 마음을 최대한 알아차리고 채워줘야 한다. 그리고 아이가 요구하지 않더라도 자주 안아주고 사랑한다고 표현해야 한다.

▶ **까다로운 기질**

까다로운 아이는 세상에 순응하기보다는 세상이 자기 요구에 맞춰 반응해주기를 바란다. 어릴 때는 예민해서 많이 울고, 잠투정도 심하며 잠에서 깨면 운다. 좀더 자라면 짜증을 많이 내고 떼를 쓰며 감정의 기복이 심해 크게 웃다가도 갑자기 화를 내며 그러면서도

매우 활동적이다. 그렇기에 까다로운 아이는 생후 1년까지 보살핌을 많이 받지만, 돌이 지나면 아이가 말을 듣지 않는 고집불통처럼 보여서 어른들이 "안 돼"라고 자주 말하며 화를 내고 벌을 주기 쉽다. 그러나 이는 아이가 성격이 나빠서가 아니라 기질이 예민해서 그런 것이니 벌을 주기보다는 아이를 존중해줘야 한다. 혼나거나 벌을 받으면 아이의 감정이 폭발해 통제하기 어렵게 반응하며 서로 힘들어질 수 있다. 조부모는 화가 나더라도 감정을 조절하고 문제 행동에 미리미리 잘 대처하는 것이 필요하다.

 까다로운 기질의 아이들은 규칙적으로 생활하는 것을 힘들어하므로 하루 일과를 너무 꽉 짜인 틀에 맞추지 않는 것이 좋다. 또한 서두르는 것을 싫어하므로 일상에서 다음에 일어날 일을 미리 알려줌으로써 스스로 준비할 수 있게 하자. 그리고 새로운 것에 대한 거부감이 크므로 갑자기 아이에게 낯선 자극을 주지 말아야 한다. 예를 들어 갑자기 아이를 데리고 이웃집에 놀러가는 경우 현관 밖에서 들어가지 않겠다고 거부할 수 있다. 이럴 때는 아이가 적응할 수 있도록 여유를 가지고 새롭게 일어날 일을 미리 알려주며 거부감을 줄여주자. 까다로운 아이들은 낯가림이 심해 낯선 사람을 보면 울음을 터트리기도 한다. 이때 아이를 혼내지 말고 아이가 안정을 찾을 때까지 다른 사람과 대면하지 않게 하는 편이 낫다.

 음식의 식감에 예민한 경우 아이가 좋아하는 맛과 식감을 위주로 식사를 차리고 편안하게 먹이자. 또한 조부모가 알아서 음식을 제공하기보다는 아이가 고를 수 있도록 선택권을 주도록 하자. 이럴 때 선택지는 아이가 좋아하는 것으로 두 가지 정도 제안하는 것이 좋다. 예를 들어 "김 싸서 밥을 먹을까? 아니면 미역국에 밥을 말아 먹을까?"라고 묻고 아이가 선택하게 해주는 것이다.

까다로운 아이들은 활동성이 높고 호기심이 많기 때문에 주변을 탐색하고 이것저것 만지려고 하므로 미리 아이에게 안전한 환경을 만들어주는 것이 필요하다. 특히 위험한 물건은 아이의 시야에 닿지 않는 곳으로 치워서 사고가 나지 않게 주의하자. 아이에게 어떤 놀이를 하고 싶은지 선택하게 하는 것도 좋다. "놀이터에 나가 놀까? 아니면 집에서 장난감 놀이할까?" 하고 물어본 다음 아이가 놀이터에서 놀겠다고 결정하면 몇 시까지 놀지 미리 약속을 하고 나가는 것이다. 그리고 놀다가 집에 갈 시간이 임박했을 때는 아이에게 시간을 알려주며 곧 집으로 돌아가야 한다고 말해주는 게 좋다. 그러면 아이는 본인의 선택에 책임을 지는 것을 배우며 존중받는 느낌을 가질 수 있다.

▶ 더딘 기질

더디다는 것은 발달이 느린 것이 아니라 반응하는 데 오래 걸리는 것으로, 새로운 환경에 적응하는 속도가 느린 기질을 일컫는다. 더딘 기질의 아이는 새로운 사물에 조심스런 반응을 보이고 감정 표현도 그다지 많지 않다. 이런 아이들은 낯선 것이나 새 환경을 접하는 것을 불안해하므로, 낯선 곳에 가면 눈치를 보고 한참을 망설인다. 아이가 이런 모습을 보이면 조부모가 곁에서 함께 있으면서 아이가 새로운 것에 익숙해져 탐색할 수 있을 때까지 지지하고 기다려주는 것이 좋다. 또한 더딘 아이는 새로운 것을 거부하거나 무관심한 태도를 보이므로 무엇인가 처음 할 때는 천천히 조금씩 시도하고, 어른들이 재촉하지 않고 충분히 기다려주는 것이 필요하다.

이 기질의 아이들은 자기 의사를 잘 드러내지 않고 활동성이 낮지만 강요를 받으면 더욱 거부하곤 한다. 따라서 아이가 주도권을 가지고 스스로 할 수 있는 일부터 하도록 기다려주고, 여유를 가질 필요가 있다. 선택을 하는 상황에서는 아이가 우물쭈물하더라도 기다려주는 것이 좋다. 조부모가 답답해하며 대신 해주거나 빨리 하라고 채근하면, 아이는 자신이 무언가 잘못되었다고 생각할 수 있다. 더딘 아이는 속도가 다소 느리기 때문에 규칙을 좋아하고, 반복해서 습관이 된 일은 잘 해낸다. 아이가 더디게 행동하는 것을 답답하게 여기지 말고, 다른 아이와 비교하지 말자. 비교는 아이의 자존감을 상하게 만들 수 있으므로 아이가 변화하는 것에만 초점을 맞추고 칭찬해주는 것이 좋다.

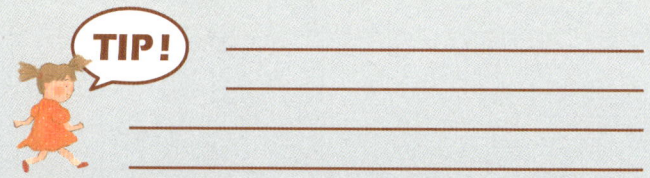

- 공간 지각 능력을 기르기 위해 손녀와는 블록이나 퍼즐 장난감 놀이를 해주세요. 언어 능력 기르기 위해 손자에게는 말을 많이 걸어주고, 에너지 분출을 하도록 놀이터나 공원에서 자주 몸으로 놀아주세요.

- 아이가 다양한 능력과 감성을 키울 수 있게 손자라고 해서 '남자다워야 한다'거나 혹은 손녀라고 해서 '여성스러워야 한다'고 강요하지 말아주세요.

- 우리 아이가 순한 기질인지, 까다로운 기질인지, 더딘 기질인지 파악하고 기질에 맞게 맞춤 육아를 해주세요.

8

좋은 습관 길러주기

손자가 유치원생일 때, 딸과 손자를 데리고 이탈리아 여행을 갔다. 성당 근처 작은 식당에 갔는데, 음식 맛이 좋아 입맛이 까다로운 손자도 잘 먹었다. 이튿날엔 손자와 둘이서 다시 그곳을 찾았다. 식비로 30유로가 나와 잔돈을 바꿀 겸 100유로를 냈는데 60유로만 거슬러줬다. 기분이 상한 나는 계산이 잘못되었다고 따졌다. 식당 손님들의 시선이 우리에게 쏠렸다. 딸에게 주려고 포장을 부탁했기 때문에 팁을 주려 했는데 종업원이 괘씸하단 생각에 그냥 나와버렸다.
"너무해. 또 찾아간 우리한테 돈을 떼어먹는 건 아니잖아!"
손자가 옆에서 나의 혼잣말을 듣더니 이렇게 말했다.
"할머니, 사람은 실수할 수 있잖아요. 저도 가끔 계산을 틀려요."
손자가 대견스러웠지만, 속으론 너무 부끄러웠다. 긍정성을 길러주자며 아이에게 모범을 보여주려고 애써놓고는, 이게 뭐람.

'세 살 버릇 여든까지 간다'는 말이 있듯이, 인생 초기에 길러진 성격과 버릇이 평생을 좌우한다. 사회의 한 구성원으로 살기 위해서는 사회가 요구하는 제도와 규칙에 적응하고, 해도 되는 것과 안 되는 것을 확실하게 구분하고 법을 따라야 한다. 아직 자신밖에 모르는 아이에게 자기 마음대로 다 할 수는 없다는 것, 꼭 해야 하는 일이 있다는 것을 가르치는 일은 쉽지 않다. 말귀를 제대로 알아듣지 못하는 아이에게는 일관성 있는 태도로 끊임없이 반복해서 알려주어야 한다.

　사실 사회가 만들어 놓은 제도와 규칙은 편의상 만들어진 것이지 절대적인 것은 아닐 수도 있다. 하지만 규칙을 잘 지킬 때 인간관계가 원만하며 사회 속에서 잘 살아갈 수 있다. 규칙을 지킨다는 것은 그 사회의 문화를 몸에 익히며 사회의 일원이 된다는 것을 뜻하기 때문이다. 규칙을 지키게 하기 위한 훈육은 아이가 자신이 독립적이고 개별적인 인간이라는 것을 알게 될 때 시작해야 한다. 이는 자아 개념이 생겨서 '나'와 '나의 행동'에 대해 깨달을 때 가능하다. 그러므로 훈육은 만 두 살 정도가 되어야 시작할 수 있다. 아직 자신이 분리된 개인이라는 것을 모르는 상태에서는 규칙을 가르칠 수 없으니, 그 이전에는 웬만한 행동은 모두 받아주고 금지할 만한 상황을 만들지 않는 것이 좋다.

아이가 두 살이 채 되지 않아 이해하지 못한다 해도, 하면 안 되는 일을 일관되게 구분해줄 필요는 있다. 돌이 되면 아이는 기고 서고 걷기 시작하는데, 그때부터 이것저것 위험한 물건을 만지거나 함부로 잡아당기고 위험한 행동을 하므로 이는 금지해야 한다. 애초에 위험한 물건은 아이 손에 닿지 않는 곳에 두면 되지만 그럴 수 없는 경우가 있다. 책장의 책을 꺼내 찢거나, 컴퓨터를 만져 고장을 내기도 하고, 혼자 가전 기기를 아무거나 눌러보기도 한다. 이런 행동들은 하지 못하게 하고 대신 다른 곳으로 데려가 놀도록 하자. 아이가 먹을 음식이나 과자를 손으로 집어던지면 바로 치워버리고 다른 장난감을 가지고 놀도록 쥐여주자. 한 살배기에게도 어느 정도 기억력이 발달되어 있기 때문에 반복해서 금지하는 행동은 아이가 시도하다가도 주춤하면서 하지 않게 된다. 하지만 말귀를 알아듣는 것처럼 보여도 아직 의사소통이 어렵고 합리적으로 생각하지 못하므로 좋은 습관을 길러주기 위해서는 반복해서 사례를 보여주거나 일관되게 반응해주는 것이 필요하다.

아이에게 모범 보이기

아이들은 주변 사람이 어떻게 행동하는지 보면서 자기 행동을 조절해간다. 어른들이 화를 잘 내고 소리를 지른다면 아이도 따라 하기 마련이다. 좋은 습관을 길러주는 첫걸음은 어른들이 모범을 보여주면서 함께 하도록 유도하는 것이다.

아이에게 매일 양치질하고 세수하고 자주 손 씻는 습관을 길러주기 위해서는 매일 아이와 함께 이와 같은 행동을 하자. 조부모가 먼저 칫솔에 치약을 묻혀 윗니, 아랫니, 어금니를 닦는 모습을 보여주고 아이의 이를 닦아주자. 아이도 거울을 보면서 재미있게 이를 닦고 헹굴 것이다. 세수하고 손 씻는 것도 함께 해보자. 아이가 세수하고 손을 씻으면서 옷이 젖거나 물이 사방으로 튀어 집안일이 늘어날지 몰라도 아이는 스스로 하는 일에 재미를 붙이고 점점 습관이 몸에 밸 것이다.

인사는 어른이든 아이든 소통을 시작하는 관문이므로 조부모는 손주가 인사를 잘하기를 바란다. 아이가 방끗 웃으며 인사하면 어른들은 기분이 좋고 아이를 예뻐하게 된다. 그래서 아이에게 배꼽인사를 하라고 가르치지만, 아직 낯선 이에 대한 공포가 있는 아이들은 조부모 뒤로 숨거나 자리를 피하곤 한다. 아이가 조부모 옆에서 안심한 상태에서 다른 사람과 눈을 맞추며 편안해할 때 함께 인사를 해보자. 이런 상황이 반복되면 아이는 시키지 않아도 조부모가 인사할 때 따라서 하게 된다. 아이가 스스로 먼저 인사를 하려면 자아가 튼튼해져야 한다. 어른들의 관점에서는 인사가 별것 아닌 일이라 생각할 수 있지만, 아이는 혼자 인사하는 것이 부끄럽고 쑥스러울 수 있다. 조부모는 아이가 인사하도록 강요하지 말고, 먼저 주변 사람에게 인사하면서 아이도 따라 하도록 기다려주고 격려하도록 하자.

 세상에 대한 좋은 태도를 보여주는 것도 중요하다. 오늘날 사회는 인간에 대한 배려와 존중은커녕 폭력과 차별, 무시가 만연하다. 아파트 경비원이나 미화원에게 함부로 하고, 살고 있는 동네나 아파트 브랜드에 따라 차별한다. 어린아이들은 어른들이 보여주는 태도를 보고 힘 있는 사람이 누구인지, 누구를 무시해도 되는지 금방 알아차린다. 어른들에게 녹아 있는 고정관념은 공기 같아서 바로 아이에게 흡수된다. 아무리 세상이 잘못된 방향으로 굴러간다 해도 인간의 가치는 변하지 않고, 아름다운 사람들은 그 속에서도 빛이 나게 마련이다. 손주에게 인간적인 아름다움의 씨앗을 심어주고 싶다면 조부모부터 모범을 보여주자. 아이와 함께 밖에 나갔을 때 청소하는 미화원이나 경비원을 만나면 공손히 인사하고 따뜻한 말 한마디를 건네거나 음료 한 병을 드려보자. 식당에서 종업원에게 무례하게 대하지 말고, 외국인 노동자나 장애인에게도 따뜻한 시선으로 대하며 누군가 도움을 요청하면 기꺼이 돕자. 거동이 불편한 이웃을 부축하거나 꼬마가 넘어졌을 때는 일으켜주며 다치지 않았는지 묻고 관심을 쏟자. 아이는 조부모의 태도와 행동을 곁에서 관찰하면서 인간에 대한 배려와 존중을 배울 것이다.

아이가 즐거울 때 관심을 줘야 하는 이유

우리는 모두 행복하게 살고자 하고 아이들에게도 그 방법을 가르쳐주길 원한다. 그렇지만 행복하게 살 방법을 잘 알지 못한 채 그저 불행을 피하는 것이 행복이라 생각하기 쉽다. 그래서 우리는 언제, 어떻게 스트레스가 쌓이는지, 무엇 때문에 불안한지, 나쁜 습관은 무엇인지에 관심을 가지고 그것들을 막거나 끊어내려 한다. 이런 경향은 우리 뇌의 특성 때문이기도 하다. 사람은 누구나 긍정적인 면보다 부정적인 면을 좀더 잘 발견하는데, 이는 우리 뇌가 외부의 위험으로부터 자신을 지키기 위해 부정적인 정보에 더 주의를 기울이도록 진화되었기 때문이다. 이와 같은 부정성 편향은 거의 무의식적이고 자연스러운 것이다.

우리에게 내재된 부정성 편향으로 인해 아이를 돌볼 때도 아이가 잘 놀면 관심을 다른 곳으로 돌리고, 아이가 울거나 짜증을 내면 달래주면서 주의를 기울인다. 그러면 아이는 울고 짜증을 내야 어른의 관심을 끈다는 것을 배우고, 그와 같은 행동을 강화한다. 긍정 심리학자들은 아이가 즐겁게 놀고 있을 때 관심을 보이라고 조언한다. 아이가 가진 강점을 발견하고 긍정적인 측면을 개발해야 훗날 아이가 행복을 누릴 수 있는 자산이 되는데, 그 첫걸음이 바로 아이가 즐거울 때 관심을 쏟는 것이다.

긍정 심리학의 창시자인 셀리그먼 M. Seligman 은 자기 아이들이 첫돌이 될 때까지 온 식구가 아이의 동작을 따라 하는 놀이를 했다고 한다. 아이가 식탁을 '쿵' 치면 모든 식구들이 똑같이 하고, 그러면 아이가 다시 치고 또다시 따라 하고 이렇게 반복하면서 아이가 소리 내어 웃고 온 가족이 한바탕 즐겁게 웃게 된다. 아이는 자기 행동이 사랑하는 사람들의 행동에 영향을 미치는 걸 보면서 자신이 중요한 사람이라고 깨닫는다. 아이가 즐겁게 잘 놀 때 주의를 기울여주고 아이의 동작을 따라 해보자. 아이는 더욱 즐거워하며 긍정적인 정서가 자리 잡을 것이다.

좋은 습관을 기르기 위해 아이를 혼내거나 야단칠 필요는 없다.

두 살이 넘어 아이에게 자아가 생기면 아이는 자신이 존중받길 원한다. 좋은 습관을 길러주려고 아이가 잘못했을 때 자주 혼내면 아이는 우울해진다. 하면 안 되는 행동을 했을 때 자꾸 지적하고 혼내기보다는 그런 행동에 반응하지 않고 쳐다보기만 하고, 좋은 행동을 했을 때 적극적으로 관심을 보이고 칭찬하면서 습관을 만들어주는 것이 좋다.

아이들은 긍정적인 말보다 부정적인 말을 훨씬 빨리 배운다. 어른들이 "안 돼!"라는 말을 입에 달고 살기 때문이 아닐까. 무슨 일을 하려고 할 때마다 무서운 얼굴로 안 된다고 말하는 것을 들은 아이는 새로운 것을 접할 때마다 그 말과 표정이 떠올라 위축되고 자신감을 잃을 수 있다. "안 돼"라고 소리치며 아이의 행동을 저지하는 상황을 만들지 말고, 세심하게 배려하며 아이가 다른 행동을 선택할 수 있는 기회를 주도록 하자.

타인의 고통에 공감하는 아이

세상은 혼자가 아니라 함께 모여 살아가는 곳이다. 외롭지 않고 따뜻하게 인생을 살기 위해서는 서로 도와야 한다. 다른 사람을 돕는 행동은 고통을 공감하는 데서 시작한다. 다른 사람의 고통이 느껴

지지 않으면 도와줄 수 없다. 사이코패스는 공감 능력이 없기 때문에 잔인한 행동을 하고도 양심의 가책을 느끼지 않는다고 한다. 과거 심리학 이론에 따르면 두 살 이전의 아이에게는 공감 능력이 없기 때문에 남을 도와주는 행동이 불가능하다고 생각했지만, 최근 어린아이에게도 공감 능력이 있어서 다른 사람이 고통스러워하는 모습을 보면 괴로움을 느낀다는 사실이 밝혀졌다. 아무리 어리더라도 아이들은 다른 사람이 괴로워하면 고통을 덜어주려고 하고, 다른 사람을 기쁘게 하려고 노력한다고 한다. 손주가 자기 손에 쥐고 있던, 침이나 땀으로 범벅이 된 눅눅한 과자를 조부모의 입에 넣어주면 움칫하면서도 사랑스럽기만 하다. 조부모는 '요 조그마한 아이에게도 이런 사랑이 깃들어 있다니!' 하고 감격하며 기뻐하고, 아이는 그런 조부모를 보면서 좋아한다.

공감 능력은 아이가 받은 사랑이 바탕이 된다. 아이에게 공감하고 반응해주는 부모나 조부모는 아이의 눈으로 세상을 보기 때문에 아이의 요구를 금방 알아챌 수 있다. 이렇게 세심한 보살핌을 받은 아이는 감수성이 발달한다. 조부모나 부모가 자기 울음에 민감하게 반응하고 안아주며 아플 때는 옆에서 걱정하는 것을 경험한 아이는 그 기억이 무의식에 박혀 자신도 다른 사람의 아픔을 알아채고 기꺼이 도와야 한다고 생각한다. 조부모나 부모가 울면 옆에서 따라 울고, 아파서 힘들어 하면 덩달아 아이도 아픈 표정을 지으며 달래줄 것이다. 조부모가 걸레질을 할 때 같이 하겠다고 나서거나 기운이 없거나 슬퍼할 때 등을 토닥거리며 위로하는 행동을 하는 이유도 공감에서 비롯된다.

아이는 가족들이 이웃이나 친구들을 배려하는 모습을 보면서 공감 능력을 키우고 남을 돕게 된다. 다른 사람의 고통에 공감하더라도 돕는 방법을 모른다면 모른척하거나 외면해버릴 수 있다. 말로 그치는 것이 아니라 타인을 돕는 구체적인 행동을 많이 보고 자란 아이들은 다른 사람에게 공감한 후 자연스럽게 도와준다. 아이가 돕는 행동을 했을 때 주변 사람들이 웃는 얼굴로 인정해주고 사랑스럽게 바라보면, 아이는 자신이 좋은 행동을 했음을 알게 된다. 남을 도우면서 행복해질 수 있음을 배우는 것이다.

손주가 따뜻한 사람으로 자라기를 바란다면 남을 돕는 모습을 많이 보여주자. 그리고 아이가 이미 가지고 있는 공감 능력과 도움 행동을 격려하고 지지해주자. 아이가 조부모를 도와준다며 걸레를 들고 쫓아다닐 때, 청소기를 빼앗아 들고 자기가 밀겠다고 할 때, 밥하는 것을 도와준다고 옆에서 설칠 때, 사실상 도와주는 게 아니라 방해만 되겠지만 아이의 마음을 고맙게 받아주자. 그러다 아이가 실수했을 때 "거봐, 잘하지도 못하면서 뭘 하겠다고 그래"라는 식으로 타박하지 말고 차근차근 알려주자. 아이는 어른의 모습을 흉내내거나 시행착오를 거치면서 남을 이해하고 돕는 마음을 키운다.

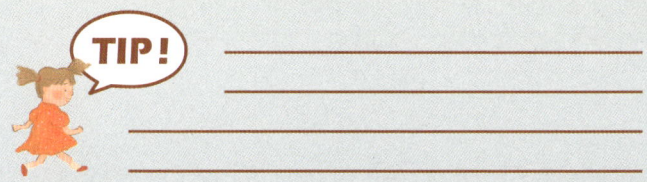

- 만 두 살이 되지 않은 아이는 규칙이나 자신이 제지당하는 이유를 이해하기 어려워요. 아이에게 "안 돼"라고 말해야 하는 상황을 최소화하고 칭찬과 선택권으로 아이를 이끌어주세요.

- 긍정적인 아이로 키우기 위해 아이가 잘했을 때 관심을 표현하고 칭찬해주세요. 칭찬은 구체적일 수록 좋아요. 아이는 칭찬받기 위해 좋은 행동을 반복하고, 계속되면 습관이 될 거예요.

- 인사를 잘하는 예의 바른 아이가 되길 바란다면, 먼저 이웃에게 인사하는 모습을 보여주세요. 아이에게 손 씻기, 양치질을 가르쳐줄 때, 아이 곁에서 함께 해주세요. 아이는 어른의 거울이에요. 아이에게 바라는 모습 그대로 먼저 모범을 보여주세요.

9

분노와 공격성 줄이기

"내가 일부러 그런 거 아니에요!"
"시끄러! 잘못해놓고 무슨 말이 많아? 방에 들어가 있어!"
우유를 쏟고 음식을 바닥에 떨어트려 식탁 밑이 엉망이었다. 그날따라 딸은 손자의 행동을 참지 못했다. 아이는 문을 쾅 닫고 자기 방에 들어갔다. 아이가 갑자기 조용해져서 무슨 일인지 방문을 살짝 열고 들여다본 나는 깜짝 놀랐다. 손자는 옷장을 열고 옷을 모두 꺼내놓고는 씩씩거리며 복수라도 하겠다는 듯 그 위에서 오줌을 누고 있지 않은가.

분노는 아주 기본적인 정서다. 아이들도 일찍부터 분노를 보이는데, 생후 4개월부터 분노 표현을 시작하며 만 2세까지 점점 잦아지고 강도도 세진다. 아직 감정이 미숙한 아이는 슬픈 마음이나 우울함을 분노로 표현하기도 한다. 조부모가 아이를 돌보는 경우, 엄마가 집에 없다는 사실로 인해 우울하고 슬퍼서 화를 낼 수 있다. 특히 조부모가 아이와 재미있게 놀아주지 않거나 말을 걸지 않고 뚱하게 자기 할 일만 하면 아이는 충분히 사랑받지 못한다고 느낀다. 그러면 마음속에 슬픔이 쌓이고 이는 분노로 변할 수 있다.

아이를 보는 조부모는 집안일을 하기보다는 아이에게 집중하고 놀아줘야 한다. 아이들은 어른이 가까이에서 자신에게 관심을 가지고 놀아주기를 바라고, 자신과 눈을 맞추고 익살스런 표정으로 즐겁게 해주는 어른을 좋아한다. 그런데 조부모가 말 없이 집안일을 하느라 아이를 성가셔하면 아이는 바로 알아차리고 슬프고 속상해서 화를 내기도 한다. 한 살짜리 아이의 분노 표현은 고함을 지르기, 울기, 버티기나 거부하기, 격한 행동, 혹은 공격적인 행동으로 나타난다.

이처럼 분노가 속상하고 좌절해서 생기는 정서라면, 공격 행동은 그로 인해 다른 사람을 다치게 하거나 물건을 부수려고 하는 행동이다. 한 살배기도 원하는 장난감을 갖기 위해 다른 아이를 때리거나 뺏으려고 한다. 아무도 만지지 않는 장난감은 무시한 채 일부러 다른 아이가 가지고 노는 장난감을 갖기 위해 싸울 때도 있다. 이는 주로 장난감을 갖거나 놀이터에서 자리를 차지하려는 수단적인 공격성이다. 2~3세가 되면 적대적인 공격성이 나타난다. 때리거나 물거나 발로 차거나 모래를 집어 던지는 행동이 나타나는 것이다.

모방과 공감을 통해 도움 행동을 배우듯 아이는 다른 사람들의 나쁜 행동을 보면서 분노와 폭력을 익힌다. 남이 화를 내는 모습을 보고 분노를 배우고, 이는 폭력으로 이어질 수 있다. 특히 가족은 공격성을 배우는 근간이 된다. 어머니 훈육에 대한 연구에 따르면, 분노가 많고 처벌이 잦은 어머니에게서 자란 아이는 대개 화를 많이 낸다고 한다. 매를 맞고 자라는 아이는 다른 아이에게 더 공격적이다. 아이들은 매를 맞으며 다른 사람을 때려서 통제할 수 있다고 배우게 된다. 그러므로 혹시 아이가 잘못하더라도 조부모는 아이를 때리지 말아야 한다. 분노와 폭력을 보고 배우거나 맞고 자란 아이는 놀이터에서 다른 아이와 우연히 부딪쳐 넘어지더라도 상대가 자신을 일부러 넘어뜨렸다고 여기며 화를 내고 싸우려 덤벼든다. 학대받는 아이는 더 공격적이고 반항적으로 자란다.

어린 시절의 공격성은 그리 위험하지 않을 수 있다. 그러나 사춘기가 되어 몸이 커지고 힘이 세지며 호르몬의 영향까지 받으면 걷잡을 수 없을지도 모른다. 청소년 비행의 뿌리에는 강압적인 양육을 받았거나 사소한 잘못에 크게 야단을 맞고 체벌을 당한 어린 시절이 자리하고 있는 경우가 많다.

아이가 자기 뜻을 관철시키기 위해 공격적인 행동을 했는데 그것이 받아들여지고 효과적이라고 판단되면 계속 반복하게 된다. 친구와 놀면서 장난감을 뺏기 위해 친구를 때렸는데 맞은 친구가 울면서 양보하면 다음에도 원하는 바를 얻기 위해 공격적인 행동을 하기 쉽다. 그러면서 자기가 힘을 가진 것처럼 느끼기도 한다. 혹은 하고 싶은 것을 못 하게 되었을 때 어떻게 해야 할지 몰라서 아이들은 공격 행동을 하기도 한다. 공격적이지 않은 다른 방법을 배우거나 자기 주장을 할 수 있는 기회를 줘야 하는 이유다.

공격적인 사람을 좋아할 사람은 없다. 아무리 아이라고 해도 공격적인 행동을 하면 주변 사람들이 사랑해주기 어렵다. 공격적인 아이는 자신에게 원인이 있다는 것을 모르고 사람들이 적대적으로 대하는 것에만 분노하고 더욱 공격적으로 행동할 수 있다. 악순환이 꼬리를 무는 것이다. 이런 악순환은 어릴 때 끊어야 한다.

매 맞던 아이는 때리는 사람이 된다

아이가 화를 낼 때 다짜고짜 벌을 주려고 하지 말고 그 이유를 이해해줄 필요가 있다. 아이에게 "화가 많이 났구나?"라고 물으면서 아이의 말을 들어보자. 아이들은 무언가 억울할 때 좌절감을 느끼고 분노할 수 있다. 아이가 사랑받고 있음을 충분히 느낄 수 있도록 해주는 것이 중요하다.

아이가 공격적으로 나올 만한 상황에서 다르게 행동했다면, 그때를 놓치지 말고 칭찬해주자. 다른 친구와 장난감을 두고 승강이를 벌이다가 상대에게 양보하고 다른 장난감을 가지고 놀 때 칭찬하는 것이다. 물론 조부모의 마음속으로는 순간, '바보같이, 왜 장난감을 뺏겨?'라는 생각이 들 수 있다. 그러나 조부모가 양보에 더 가치를 두고 칭찬하면 아이는 앞으로 장난감을 차지하는 것보다 의미 있는 행동을 하게 된다.

조부모의 눈길을 끌기 위해 아이들이 화내고 물건을 던지는 행동을 할 수도 있다. 이런 경우 반응하지 말고 무시해야 한다. 어른들의 관심을 끌기 위해 난폭한 행동을 할 때 나무라고 야단치면 아이는 오히려 약을 올리려고 눈치를 봐가며 그런 행동을 더 하기도 한다. 그러므로 아무 반응을 하지 않고 무시하는 편이 낫다. 처음에는 무시하다가 나중에 참지 못하고 야단치면 아무 효과가 없다. 무시할 때는 일관되게 그 행동만 무시하자. 예를 들어 아이가 물건을 던질 때는 아무 반응을 하지 말고 웃음기 없이 쳐다보며 그 행동을 그만둘 때까지 자리를 떠나지 않고 아이의 눈에 보이는 곳에서 기다리는 것이다. 아이가 그 행동을 멈추고 조부모에게 와서 말을 걸고 장난감을 가지고 놀면 그때 반응해주자.

아이가 놀다가 재미없어 화를 내는 상황에서는 몸으로 화를 방출하도록 하는 것이 좋다. 조부모와 하루 종일 집에서 지내는 게 속상한 아이를 데리고 놀이터에 나가보자. 에너지가 넘치는 아이는 신체적인 활동이 필요하다. 놀이터에서 미끄럼틀을 타거나 그네를 타면 기분 전환이 되고 화난 에너지를 툴툴 털어낼 수 있다.

공격성을 조장하는 환경은 되도록 피하는 것이 좋다. 거칠고 유혹이 많은 상황에서 공격적인 행동이 조장될 수 있다. 공격성을 유발하는 총이나 칼과 같은 장난감을 주지 말고, 다른 놀잇감을 가지고 놀게 하는 것이 좋다. 어른도 부부 싸움이나 다툼을 할 때 주변에 칼이나 무기가 될 만한 물건이 있으면 싸움이 더 격렬해진다고 한다. 그러니 아이에게 위험한 장난감은 처음부터 사주지 않는 것이 좋다.

놀이터에서 거친 아이들이 공격적으로 놀고 있으면 얼른 데리고 다른 공간으로 가자. 아이들은 남이 하는 것을 보고 금방 따라 한다.

아이는 기회를 뺏길 때 분노가 생기고 공격적으로 행동하기도 한다. 사람이 많은 놀이터나 놀이공원에서 놀이 기구를 타려고 줄을 서서 오래 기다렸는데, 자기 앞에서 이제 시간이 다 되었다고 문을 닫아버리면 아이들은 분노하고 공격적인 행동을 보인다. 그런 경우 미리 상황을 예측하고 그곳에서 빠져나오도록 하자. 미리 빠져나오지 못했다면 아이에게 상황을 알아듣기 쉽게 설명해주자.

아이가 완전히 통제력을 잃었을 때는 자신이나 남을 해치지 않도록 다른 곳으로 데리고 가는 것이 좋다. 하지 말아야 할 행동에 대해 "안 돼"라고 분명히 말해주자. 왜 하면 안 되는지 분명히 설명하고 강조하며, 일관성을 지키도록 하자. 아이가 공격적인 행동을 했을 때, 어떤 날은 엄하게 벌을 주고 어떤 날은 무시하는 식으로 반응하면 아이는 혼란스러워 더 공격적으로 변할 수 있다.

무엇보다 중요한 것은 아이에게 좋은 행동의 모범을 보여주고, 공감 능력을 키워주는 것이다. 다른 사람을 때렸을 때 상대방이 얼마나 아플지 설명하고 아픔을 상상하게 하자. 아이가 비슷한 상황에서 아팠던 기억을 되살리면서 맞은 사람이 얼마나 아프고 마음이 슬플지 느끼도록 하는 것이다. 사랑과 공감은 분노와 공격성을 잠재울 수 있다.

- 아이가 짜증을 내거나 화를 낼 때 덩달아 기분이 나빠질 수도 있지만, 먼저 아이의 기분을 받아주고 이유를 물어봐주세요. 그러면 아이는 자신의 감정이 이해받는다고 생각하고 사랑받는다고 느낄 거예요.

- 어른들의 관심을 끌기 위해 아이가 장난감을 던지거나 위험한 행동을 하기도 해요. 그럴 때는 아무 반응을 보이지 않고 무시로 일관하는 게 좋아요.

- 공격성을 불러일으킬 수 있는 총이나 칼 장난감, 혹은 다치게 할 만한 물건은 아이에게 바람직하지 않아요. 공격적인 행동은 전염되기 쉬우니 놀이터에서 또래들이 거칠게 놀고 있다면 같이 놀게 하지 않는 게 좋아요.

- 아이가 악쓰며 몸을 가누지 못하거나 떼쓰는 정도가 지나치면 잠시 아이를 데리고 자리를 옮겨 조용한 장소로 데려가세요. 아이가 다치거나 주위 사람들에게 피해를 끼칠 수도 있어요. 환경이 바뀌고 아이가 진정이 되면 "안 돼"라고 분명히 말해주세요.

10

떼쓰는 아이 다루기

손자와 마트에 갔는데 마당에 놓을 수 있는 놀이 기구를 파는 행사 중이었다. 보기만 해도 재미있을 것 같은 그네와 멋진 미끄럼틀이 매장 한가운데 있어서 어디를 가도 눈에 띄었다.
"나는 저거 탈래요!"
손자는 장 보는 내내 미끄럼틀을 타겠다고 소리 지르며 떼를 썼다.
"저건 탈 수 있는 게 아니야. 사람들이 사라고 매달아 놓은 거잖아."
놀이기구가 전시용임을 아직 이해할 수 없는 아이는 카트에 앉아 계속 소리를 질러댔고. 마트에 있던 사람들은 고개를 돌려 우리를 쳐다보았다. 우리는 결국 시장을 제대로 보지도 못하고 서둘러서 그곳을 빠져 나와야만 했다. 그 이후. 나는 되도록 아이를 데리고 대형 마트에 가는 것은 삼가게 되었다. 아이는 아직 유혹을 이길 힘이 없고, 우리도 말귀를 알아듣지 못하는 아이를 달랠 길이 없었으니까.

18개월이 지나면서 아이는 자기 주장이 강해지며 떼를 쓰기 시작한다. 조부모에게 들러붙어 떨어지지 않으려 하던 아이가 어느덧 눈 깜짝할 사이에 눈앞에서 사라지고 제멋대로 돌아다닌다. 걸음걸이가 확실해지고 높은 곳으로 기어오르는 능력이 생기면서 어른을 시험이라도 하려는 듯 이것저것 만지면서 일을 저지르고, 뛰어다니다가 다치기도 한다. 말을 배우기 시작하면서 "싫어", "아니야"라는 부정적인 말을 입에 달고 다닌다. 의자 위에 올라가 인터폰을 들고 아무거나 막 눌러대서 경비원이 놀라 집으로 오기도 하고, 리모컨이나 핸드폰을 몰래 만져서 먹통으로 만들기도 한다. 조부모의 안경을 벗겨서 자기가 쓰고 다니다가 안경다리를 부러트리기도 한다. 옷을 입히려고 하면 도망 다니거나 입혀놓은 옷을 벗어버리기도 한다. 함께 외출하다가 자기 뜻대로 되지 않으면 떼를 쓰다가 길바닥에 드러누워 조부모를 당황하게 만들기도 한다.

  아이의 첫해 동안 애착 형성이 가장 중요하다면, 둘째 해에는 자아가 발달하면서 자율성이 화두로 등장한다. 아이는 걷기 시작하면서 세상에 대한 호기심을 품고 모험을 시도한다. 신생아 때는 누군가 돌봐주기를 기다리며 울음으로 자신을 알렸다면, 기어 다니면서 좀더 넓은 세상을 경험하기 시작하다가 이제는 자유 선언이라도 한 것처럼 자기 주장을 하고 마음대로 하길 원한다. 아직 세상의 규칙을 알지 못하니 자신이 하고 싶은 일을 못 하게 막는 조부모를 이해하지 못하고 반항하는 것이다. 이 시기부터 자기 조절을 하는 데 익숙해지도록 세심한 주의를 기울이고 도와줘야 한다.

  아이는 자아 발달에 비해 인지, 언어 발달이 많이 미숙하기 때문에 자기 요구를 제대로 표현하지 못한다. 따라서 미숙한 표현이 떼쓰는 것처럼 보이기도 한다. 한 살 무렵까지 울음으로 자기 요구를 알리던 아이는 이제 떼쓰는 것으로 표현하려 할 수 있다. 아이가 떼를 쓸 때 요구를 들어주면 습관이 되어 점점 고집이 늘 수 있다.

  아이들이 떼쓰는 또 다른 이유는 가족들 중에서 자신이 얼마나 중요한 사람인지 알아보기 위해서다. 여태껏 조금만 울어도 반응을 해주던 조부모나 부모가 아직도 자신을 귀하게 여기는지, 계속 자기 주장을 수용해주는지 떼쓰고 못된 행동을 하며 살펴보는 것이다. 아이는 자라면서 어른들의 관심이 자신에게서 점점 떠난다고 느끼기도 한다. 만약 동생이 생겼다면, 자신에게 향하던 관심을 동생에게 빼앗겼다고 생각하며 떼를 쓰면서 조부모와 부모의 눈길을 끌고자 한다. 동생이 태어났더라도 아이가 여전히 사랑받고 있음을 확신하도록 자주 표현해줘야 한다.

어른들의 관점으로는 아이가 이유 없이 떼를 쓰고 나쁜 행동을 하는 것처럼 보여도 아이들에게는 분명히 이유가 있다. 혹시 아이를 혼자 두고 다른 일을 하느라 신경을 쓰지 못했는지, 스스로 해내고 싶은데 잘하지 못해 속상한 건 아닌지, 피곤한 아이를 데리고 외출을 한 건 아닌지, 동생이 생겨 서운한 건지 알아내서 그 이유에 맞게 적절한 반응을 해줄 필요가 있다.

혼자 하겠다고 할 때

이 시기에는 자율성을 기르고 독립심을 배우므로 아이는 무엇이든 자기 혼자 하겠다고 떼를 부린다. 그럴 때는 아이와 신경전을 벌이지 말고 혼자 할 수 있는 일은 스스로 하게 하자. 하지만 아직 손가락의 기능이 제대로 발달되지 않은 아이가 하고 싶은 일을 능숙하게 해내기는 어렵다. 생각대로 일이 되지 않을 때 아이는 속상하고 기분이 나빠서 다시 짜증을 내고 떼를 쓰기도 한다. 밥을 스스로 먹겠다고 할 때 흘리고 지저분해질 게 뻔해도 혼자 하도록 기회를 주자. 아이가 국을 뜨다가 쏟으면 나무라지 말고 숟가락 잡는 법을 가르쳐주고, 국은 처음부터 밑이 넓어 잘 엎어지지 않는 그릇에 담아주는 것이 좋다. 아이 혼자 밥을 먹으면서 옷이며 식탁, 바닥을 엉망으로 만들어도 끝까지 기다려주고, 잘 먹으면 칭찬하고 아이가 다 먹은 후 치우도록 하자. 옷을 혼자 입겠다고 하면 격려해주고 옆에서 거들어주면서 아이가 제대로 했을 때 칭찬해주자. 아이가 능숙하게 해내지 못했을 때 "그러게. 잘하지도 못하면서 뭔 고집이냐?"라고 비아냥거리거나, 급한 마음에 조부모가 대신 해주면 아이는 좌절하고 자기 능력을 의심하게 된다. 아이의 느리고 서툰 행동은 답답하고 비효율적일지 몰라도, 그 과정을 거치며 아이는 점점 능력을 키워가고 자기 효능감을 발달시키게 된다.

외출할 때

집에서는 아이가 만지면 안 되는 물건을 치우는 등 미리 대비할 수 있지만, 공공장소에서 아이가 규율을 지키게 하는 것은 쉽지 않다. 아이가 공공장소에서 떼를 쓰는 것은 그럴 만한 이유가 있다. 아이를 데리고 슈퍼마켓이나 백화점에 갈 예정이라면 아이가 잘 참을 수 있는 시간대인지 고려해보자. 낮잠 시간은 아닌지, 배고플 시간은 아닌지, 배변 시간은 아닌지 따져보고 데려가자. 항상 아이가 먹을 것과 마실 것은 준비해 갖고 다녀야 한다. 그러다 보면 짐이 늘어나고 조부모에게는 힘에 부치는 일이다.

아이를 마트에 데려가 장을 봐야 할 경우, 아이가 카트에 앉지 않겠다고 떼를 쓰기도 한다. 집에서 나가기 전에 미리 아이에게 마트에서 카트에 앉을지, 아니면 조부모 손을 잡고 얌전하게 따라다닐지를 미리 약속해두면 조금 수월하게 쇼핑을 할 수 있다. 그렇지 않으면 아이가 혼자 여기저기 돌아다니다가 길을 잃기도 한다. 가장 당황스러운 상황이 벌어질 수 있으므로 미연에 방지하는 것이 좋다.

아이에게 편안한 공간은 집이나 공원 같은 곳이다. 마음대로 뛰어다닐 수 없는 식당이나 버스, 지하철은 아이에게 힘든 공간이다. 외출하기 전에 미리 이야기해주고, 식당을 고를 때는 놀이방이라도 있는 곳이 좋다. 창밖 풍경을 볼 수 없는 지하철보다는 앉아서 밖을 구경할 수 있는 버스를 타면 아이가 덜 지루해할 것이다. 요즘처럼 코로나가 유행인 상황에서는 보호막이 있는 유모차에 태워 동네 공원을 나가는 것이 조부모와 아이에게 가장 최선의 선택인 듯하다.

선택권 주기

살면서 인간은 수많은 선택을 해야 하고, 올바른 선택이 성공과 행복의 길로 안내한다. 행복은 자신이 선택권을 갖고 있다는 믿음에 따라 좌우된다고 말하는 학자도 있다. 선택권이 박탈된 억압적인 환경에서 인간은 무력감을 느끼고 슬픔을 느끼게 된다. 아이에게도 선택의 기회를 주면서 아이 스스로 판단하도록 허락해보자. 무조건 어른들의 말을 따르라고 윽박지르면 아이는 거부하고 떼를 부릴 수 있다.

한 살 이전의 아이에게도 마실 걸 요구할 때 우유가 든 젖병과 물이 든 병을 주고 고르게 하면 아이는 자기가 마시고 싶은 것을 선택한다. 혹은 양말을 신기 싫어하는 아이에게 줄무늬 양말과 초록색 양말을 중 하나를 선택하게 하면 훨씬 수월하게 양말을 신길 수 있다. 옷도 마찬가지로 두세 가지 중 자기가 좋아하는 옷을 골라 입게 할 수 있다. 잠자기 전에 동화책을 읽어줄 때 아이가 원하는 것을 골라오도록 하자. 씻기를 싫어하는 아이에게 목욕을 할지 샤워를 할지 물어보면 선택지 중 하나를 골라야 하므로 씻지 않겠다고 떼쓰는 것을 막을 수 있다.

마트에 아이를 데려가면 이것저것 보이는 대로 사달라고 조르기도 한다. 마트에 가기 전에 하나만 사주겠다고 분명하게 이야기하

자. 그렇게 약속하고도 막상 마트에 가면 눈에 띄는 것들을 모두 갖고 싶은 것이 아이의 마음이다. 아이가 이것저것 골라대면 일단 모두 카트에 넣어두었다가 나중에 그중 하나만 고르도록 하자. 쇼핑하는 내내 아이에게 안 된다고 말하며 갖지 못하게 막으면서 마음 상하게 할 필요는 없다. 아이와 미리 이야기를 하고 간 후 하나만 고르도록 해서 약속을 지켜야 한다. 조부모가 그 약속을 어기고 여러 개를 사준다면, 다음에도 떼를 쓰며 원하는 것을 모두 사려고 할 것이다.

예측하게 하기

아이들도 앞으로 일어날 일을 예측할 수 있을 때 고집을 덜 부린다. 매일 같은 시간에 낮잠을 자고, 식사를 하고, 잠자리에 드는 것이 아이에게는 안정감을 준다. 일상에 변화가 있을 때는 미리 알려주는 것이 좋다. 아무 예고 없이 갑자기 아이를 데리고 외출하지 말고, 알아듣지 못하더라도 어디를 가는지, 왜 나가는지를 미리미리 알려주고 그곳에서 무엇을 할지도 알려주자.

놀이터에 나가기 전에 "놀이터에서 30분만 놀다 오자"라고 미리 시간을 정해 시계를 보여주고, 약속한 시간이 끝나기 5분 전에 아이에게 알려주자. 어른들의 뜻대로 노는 걸 중단시키는 것이 아니라 규칙을 지키는 것임을 가르치는 과정이다. 그리고 정해진 시간에 맞춰 집에 돌아간다. 아이들은 놀다가도 시간이 얼마 남지 않았음을 미리 알 수 있고, 약속된 시간에 당연한 듯이 조부모를 따라 나설 수 있다. 처음에는 아이가 떼를 쓰더라도 규칙을 지키도록 연습하면 점차 순순히 말을 듣게 될 것이다.

매일의 일과도 순서를 말해주면 아이와 씨름하지 않고 수월하게 할 일을 하게 만들 수 있다. 어린아이에게 하루 일과 전부를 이야기할 필요는 없다. "저녁밥 먹고 공놀이 한 다음에 목욕하자"라는 식으로 세 가지 정도를 미리 알려주면 어른들이 강압적으로 혹은 기분에 따라 자신을 다룬다는 생각이 들지는 않을 것이다. 순서가 꼭 고정될 필요는 없다. 아이가 좋아하는 방식에 따라 유연하게 순서를 짜는 것이 좋다. 아이가 자기 의견을 말할 수 있게 되면 순서를 바꿔달라고 요구하거나 "공놀이 하지 말고 퍼즐 해요"라는 식으로 다른 것을 하자고 제안하기도 한다. 이런 과정을 통해 아이는 자율성을 경험하고 좀더 큰 틀에서 자기 생활을 조절하는 법을 배우게 된다.

일관성 지키기

양육 전반에서 조부모와 부모의 일관성은 너무나 중요하다. 어른들이 이랬다저랬다 하면 아이는 혼란스럽다. 특히 아이가 떼를 쓸 때 그 순간을 모면하기 위해 "이번만 봐준다"라고 넘어가게 되면 다음에는 더 심하게 떼쓰기도 한다. 그리고 조부모와 부모의 기준이 다르면 아이는 혼란스럽고 더 고집을 피울 수 있다. 조부모는 부모와 아이에 관해 의논하고 같은 기준을 두고 아이를 대해야 한다. 할머니, 할아버지가 함께 아이를 돌볼 때, 할아버지는 손주의 환심을 사기 위해 아이의 요구를 무조건 들어주거나 부모가 금지하는 불량 식품이나 초콜릿을 사주고, 할머니는 그것을 못 하게 막는 경우가 있다. 이런 식으로 일관성이 무너지면 아이의 행동은 흐트러지고 떼쓰기는 걷잡을 수 없이 늘어나 육아가 더욱 어려워진다. 손주를 진정으로 사랑하고 잘 키우고 싶다면, 육아에 참여하는 모든 사람들이 분명한 기준을 세우고 공유해 일관성을 지키는 것이 필요하다.

  아이들은 공공장소나 사람들이 많은 장소에서 부모나 조부모가 어찌하지 못할 것을 파악하고 떼를 쓰면서 땅바닥에 드러눕기도 한다. 그럴 때면 당연히 그 순간을 피하고 싶을 것이다. 하지만 그럴 때도 일관성을 유지해 아이의 요구를 무조건 들어주기보다는

사람이 없는 곳이나 화장실 같은 좁은 공간으로 데려가는 것이 좋다. 상황이 달라지거나 아무도 없는 공간에 가는 것만으로도 아이는 진정된다. 그곳에서 아이에게 떼를 쓰면 안 된다는 것을 분명하게 이야기해야 한다. 문제가 발생한 순간에 바로 그런 행동이 용납되지 않는다는 것을 알게 하는 게 가장 효과적이다.

요구를 들어줄 수 없을 땐

아이는 자기 요구가 묵살되었을 때 화를 내고 못된 행동을 한다. 아이 마음을 읽고 대화를 잘 나눴다면 아이가 떼를 부릴 일도 없을 것이다. 그렇다 해도 아이의 잘못된 요구를 들어줄 수는 없다. 아직 언어 이해가 미숙한 아이에게 긴 설명은 의미가 없다. 아이가 소리를 지르고 떼를 쓴다면 "그렇게 해도 들어줄 수 없어"라는 말로 단호하고 분명하게 말하는 것이 중요하다. 아이가 어느 정도 이해가 가능하다면, 왜 그 요구를 받아줄 수 없는지 차분하고 분명하게 설명해준다. 그래도 아이의 흥분이 가라앉지 않고 계속 떼를 쓴다면 기다려야 한다.

아이가 화를 내면서 소리를 지를 때, 조부모도 무의식적으로 같이 소리를 지르기 쉽다. 그러나 똑같이 화내고 언성을 높이면 아이는 더 크게 화를 내고 악쓰게 된다. 서로 감정이 격해지는 것이다. 그렇다고 아이가 소리를 지를 때 아이의 뜻을 받아주면 이후에는 점점 더 크게 소리치며 떼쓰기가 심해질 수도 있다.

그럴 때는 "작은 소리로 말할 수 있을 때 이야기하자"라고 조용히 말하고 아이와 거리를 두고 기다려주자. 이때 절대 다른 일을 하거나 다른 곳으로 가버려서는 안 된다. 아이와 조금 떨어져서 조부모도 마음을 추스르고 시간을 두고 기다려야 한다. 시간이 걸려도 포기하지 말고 아무 말 없이 기다리는 것이 중요하다. 아이의 감정이 조절되고 울음을 그치면 "많이 화났었구나?"라고 마음이 어땠는지 물어보고 대화를 시작하자. 이때 다시 울음이 터질 수도 있는데, 이는 떼쓰기 위해서거나 서러워서일 수 있다. 어떤 경우든 떼쓰는 행동은 잘못되었음을 알려주고, 들어줄 수 없는 요구이니 대신 다른 것을 하자고 제안하자.

참을성 기르기

세상은 하루하루 달라진다. 신기하고 새로운 물건은 우리들의 눈길을 사로잡고 유혹한다. 아이들의 장난감은 더욱 정교하고 멋있어지고, 먹을거리는 예쁠뿐더러 더 달콤하고 맛있어졌다. 풍요로운 세상에 태어나 귀하게 자라고 있는 손주 세대는 갖고 싶은 것이나 먹고 싶은 것을 참지 못하고 사달라고 조르기 일쑤다. 그러나 아이가 갖고 싶어 한다고 해서 모든 것을 사줄 수는 없다. 아이가 아직 어려서 자기 조절이 어렵고, 가게의 물건이 남의 것임을 이해하지 못할 때는 아이를 유혹할 만한 장난감 가게나 과자 가게 같은 곳에 데리고 가지 않는 것이 좋다.

아이들은 유혹을 이겨내기 어렵지만, 기다리는 것 역시 힘들어하기 때문에 훈련이 필요하다. 아이가 원하는 것을 즉시 들어주지 말고 일관성을 가지고 기다리는 법을 가르쳐주자. 밖에서 놀고 집에 들어오자마자 맛있는 케이크를 먹겠다고 하는 아이에게 먼저 손을 씻고 옷을 갈아입은 후 먹자고 해보자. 아이는 당장 케이크를 먹고 싶겠지만 순서를 지켜야 한다는 것을 이해하고 기다리는 법을 배울 것이다. 아이가 아이스크림 가게 앞을 지나가면서 사달라고 조를 때, 공원에서 놀고 나면 덥고 땀이 나니까 집에 오는 길에 아이스크림을 사 먹자고 제안해보자. 그리고 잊어버리지 말고 그 약속을 꼭 지키자. 그러면 점점 조부모의 말을 신뢰하면서, 다음에는 더욱 잘 기다릴 수 있다. 혹시라도 약속을 지키지 않는다면, 조부모를 신뢰하지 못하게 되면서 당장 사달라고 떼를 쓸 수도 있다. 기다렸다가 시간이 지난 후 요구가 충족되는 경험을 통해 아이는 당장의 욕구와 감정을 제어하고 만족을 지연하는 힘을 기를 수 있다.

심리학자 미셸W. Mischel의 '마시멜로 테스트'는 자제력이 아이들의 미래 삶에 어떤 영향을 미치는지 살펴본 실험으로, 50년을 추적한 연구다. 그는 네 살짜리 아이들에게 마시멜로를 주면서 이것을 당장 먹으면 한 개만 먹을 수 있지만, 15분간 기다리면 두 개를 먹을 수 있다고 말했다. 대부분의 아이들이 15분을 참지 못했고, 반면 참을성 있게 기다린 아이들은 훗날 학업 성적이 우수했고 대인 관계 역시 좋았다. 또한 자존감이 높고 중년 이후까지 건강한 삶을 유지했다. 미셸은 이 연구를 통해 마시멜로를 먹고 싶어 하는 뜨거운 충동은 즉각적인 행동을 부추기지만, 차가운 억제 시스템을 작동시킴으로써 유혹을 이겨낸다고 설명한다. 기다리는 동안 아이가 마시멜로만 쳐다보면서 먹길 원하면 참기 어렵다. 그러나 욕망을 바꿀 힘이 자기 내면에 있다고 믿고 다른 생각을 하거나 다른 일을 하면 그 시간은 쉽게 지나간다. 노래를 부르거나 동화책을 읽는다면 기다림의 순간은 순식간에 지나갈 것이다.

 아이가 직장에 나간 부모를 기다리는 것 역시 너무나 긴 시간일 것이다. 그러나 그 동안 여러 활동을 하면서 즐겁게 보낸다면 부모를 잘 기다릴 수 있다. 살면서 기다림을 연습할 기회는 많다. 어릴 때부터 조금씩 기다리는 시간을 늘려가며 연습을 시키고 자제력을 길러줌으로써, 아이가 두 개의 마시멜로를 기대하며 유혹에 대처하고 끈기 있게 목표를 추구할 수 있도록 북돋아주자.

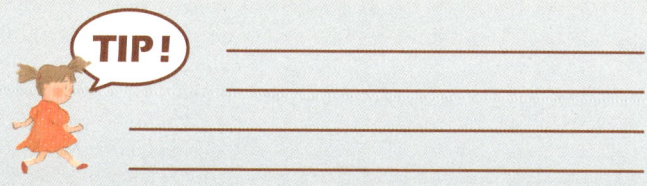

- 아이의 떼쓰기에는 모두 이유가 있어요. 아이가 이전에는 하지 않던 행동을 하거나 떼를 쓴다면 아이에게 생긴 변화를 유심히 관찰하고 원인을 찾아내 해결하거나 달래주세요.

- "내가 할래!"를 입버릇처럼 말하는 우리 아이, 다치거나 위험한 일이 아니라면 스스로 하도록 내버려두세요. 옷이나 식탁이 조금 엉망이 되더라도 괜찮아요. 지금 우리 아이가 성장하고 있어요.

- 아이에게 선택할 기회를 주고 직접 고르게 하면, 스스로 결정하는 아이도 신나하고 할머니 할아버지도 선택지 안에서 아이가 할 일을 하도록 만들 수 있어서 육아가 수월해질 거예요.

- 아이가 예상하고 다음 행동을 할 수 있도록 해야 할 일이나 약속 시간 등을 미리 말해주는 게 좋아요. 아이가 무엇인가 원할 때 바로 들어주지 말고 시간 간격을 두고 약속을 지켜주면 참고 기다리는 법을 배울 수 있어요.

11

할머니 할아버지와
함께할 수 있는 놀이

"할머니, 나 심심해. 우리 뭐하고 놀까?"
손자는 놀고 놀아도 계속 심심하다면서 놀아달라고 했다. 동요 책을 펼쳐놓고 함께 노래를 불러보고, 줄을 묶어 그 속에 둘이 들어가 기차놀이를 하고, 동물 소리를 내고 기어 다니며 동물 놀이도 했다. 하지만 내가 할 수 있는 놀이 방법은 금방 바닥나고 말았다. 낮잠도 거의 자지 않고 놀려고만 하는 손자와의 하루가 왜 그렇게 긴지! 육아에서 제일 아쉬웠던 점은 다양한 놀이 방법을 모른다는 거였다.
식당에 갔을 때 옆 테이블의 아이들이 얌전히 앉아 태블릿 PC나 스마트폰을 손에 들고 뚫어져라 보는 모습이 자주 보였다. 집에서 최대한 텔레비전이나 스마트폰 등의 미디어를 보여주지 않았기에 손자 녀석은 넋을 잃고 부러운 듯이 쳐다보았다. 아무리 주의하며 키워도 요즘 아이들은 미디어 세계에 순식간에 동화되는 듯했다.

아이에게 놀이는 삶 자체다. 그러니 아이는 눈만 뜨면 놀려고 한다. 아이는 놀이를 통해 신체, 정서, 사회성, 언어, 인지 능력을 골고루 발달시킨다. 몸의 대근육, 소근육도 놀면서 발달하고, 몸의 기능 역시 개발된다. 그리고 놀이를 하면서 세상을 탐색하고 이치를 이해하며 관계를 배우고 환경에 적응하게 된다. 또한 뇌에 반짝하고 불이 들어오는 것처럼 생각하는 법을 깨우치고 지식을 확장하며 창의력을 길러주는 등 정신 발달을 돕는다. 놀이를 통해 사회적 규칙을 익히고 배려와 타협을 배우면서 사회성을 기른다. 또한 직장에서 일하느라 곁에 없는 부모를 기다리며 마음이 허해진 아이들의 심리적인 불안이나 갈등을 풀어주는 통로가 되기도 한다. 조부모가 아이와 할 수 있는 놀이는 무엇이 있을지 알아보자.

0~3개월

아이는 태어날 때부터 빨기 반사, 쥐기 반사와 같은 반사 행동을 할 수 있다. 신생아는 감각 운동으로 세상을 경험하므로 감각적 자극을 주는 것이 필요하다.

- 손가락 잡기: 아이는 쥐기 반사 능력이 있으므로, 아이 손에 손가락을 넣어 잡게 한 후 이리저리 흔들어주며 말을 걸어본다.

- 얼굴 마주보기(대면) 놀이: 아이 이름을 부르며 눈을 크게 뜨고 얼굴을 마주 보자. 점점 사람 얼굴을 좋아하며 즐기게 될 것이다.

- 얼굴 보며 입 벌리고 오므리기, 혀 내밀기: 아이를 마주보고 입을 크게 벌리거나 오므리며 입 모양을 바꿔가며 보여주고, 혀를 내밀어보자. 신생아도 모방 능력이 있기에 입을 벌리고 혀를 내민다. 모방 능력은 생후 3~4개월이면 없어진다.

- 흑백 모빌 달아주기: 신생아는 아직 색깔 구별을 할 수 없지만 흑백은 구별하므로 흑백 모빌을 달아주자. 시력이 그리 좋지 않

으므로 아이 침대나 바운서의 20~30센티미터 위에 매달아 움직여준다.

4~6개월

- 거울 놀이: 아이가 엎드린 상태에서 고개를 들 수 있다면, 앞에 거울을 두고 그 속에 비친 아이의 모습을 보게 하면서 "여기에도 ○○○, 거울 속에도 ○○○가 있구나" 하고 이름을 불러준다. 아이는 이렇게 고개 드는 연습을 하면서 가슴을 들어 올리는 근육이 발달한다. 또한 조부모가 아이를 안고 함께 거울을 보면서, 빨간 모자를 씌웠다 벗겼다 하며 "○○○가 빨간 모자를 썼네, 앗 빨간 모자가 없네?" 하고 말해보자. 거울은 아이의 주의를 끌고, 자기 얼굴을 쳐다보면서 다른 사람과 자신을 구별하는 능력이 빨리 발달할 수 있다.

- 까꿍 놀이: 조부모의 얼굴을 손으로 가렸다가 떼며 "까꿍" 해보자. 또 아이의 얼굴도 손으로 가렸다가 치우며 "까꿍, 우리 ○○○가 없어진 줄 알았는데 여기 있네?"라는 식으로 말하며 놀아주자. 사물이 가려져 보이지 않아도 그것이 없어진 것이 아니라 계속 그 자리에 있다는 것을 아는 '대상 영속성'은 10개월

정도 되어야 완전히 이해한다. 하지만 그 이전에도 까꿍 놀이를 통해 눈에 보이지 않아도 존재한다는 것을 익힐 수 있다.

- 뒤집고 밀기: 아이가 뒤집기가 가능하고 소리의 방향을 알아낼 때 할 수 있는 놀이다. 아이를 매트 위에 눕혀놓고, 옆쪽에 딸랑이 등 소리 나는 장난감을 두고 소리를 들려주자. 아이는 뒤집고 몸을 밀어 장난감을 잡으려 할 것이다. 장난감을 왼쪽과 오른쪽에 바꿔가며 놓으면, 좌우 뒤집기를 하면서 전신 근육이 발달하게 된다.

- 딸랑이 놀이: 딸랑이를 위, 아래, 왼쪽, 오른쪽에서 흔들다가 아이 손에 쥐여주면 즐겁게 가지고 논다. 딸랑이 소리가 나는 곳을 보며 소리와 물건을 연관시키면서 시각과 청각, 사물 인지 개념이 발달한다. 뭐든지 입으로 가져가는 시기이니 딸랑이를 잘 닦은 후 아이에게 주도록 하자.

- 매달린 장난감 치기: 아이 손이 닿는 곳에 장난감이나 모빌을 달아놓으면 그것을 치거나 잡으며 논다. 이 시기에는 손으로 사물을 잡거나 흔들고, 입으로 가져가 빠는 등의 감각적인 놀이를 좋아한다.

- 삼원색 모빌이나 장난감 주기: 빨간색, 파란색, 노란색을 구별하고 삼각형, 사각형, 원을 구분할 수 있으니, 시각 자극을 위해 삼원색 모빌이나 장난감을 가지고 놀게 하자. 아이는 아직 시력이 성인의 6분의 1 정도에 불과하지만, 뚜렷한 색깔과 형태를 보면서 시각을 다루는 뇌의 영역이 발달하게 된다.

7~12개월

- 곤지곤지, 도리도리, 잼잼, 짝짜꿍: 이 시기 아이들은 손을 사용해 자신의 주변에 있는 사물을 탐색하고, 자기 몸을 가지고 노는 것을 좋아한다. 특히 관찰하고 모방하는 행동이 늘어나므로 조부모는 아이와 마주하고 "짝짜꿍 짝짜꿍" 노래를 부르며 손뼉을 쳐주고, "곤지곤지" "잼잼" "도리도리" 하고 말하며 행동을 보여주자. 아이는 간단한 말을 알아듣고 언어적 지시에 따라 행동을 하면서 소근육이 발달하게 된다.

- 까꿍 놀이와 숨바꼭질: 이 시기에는 대상 영속성을 발달시키는 놀이에 즐거움을 느낀다. 얼굴을 가렸다가 다시 보여주는 까꿍 놀이는 언제 하더라도 아이들이 아주 좋아할 것이다. 이제는

손으로 가리는 것이 아니라 수건으로 얼굴 전체를 가렸다가 수건을 내리며 "까꿍" 해주자. 아이 얼굴도 수건으로 가렸다가 "까꿍" 하며 벗겨주자. 숨바꼭질은 조부모가 몸을 벽 뒤로 숨겼다가 "까꿍" 하고 나오면, 아이들은 깜짝 놀라면서도 즐거움을 느낀다.

- 물건 숨기기: 기저귀를 이용하여 장난감을 숨겨보자. 여러 개의 기저귀 중 하나에 장난감을 숨겨놓고 기저귀를 들춰 찾게 하자. 만약 아이가 찾아낸다면 대상 영속성이 발달하고 기억력이 있는 것이다. 그렇지 못한 경우에는 장난감의 일부가 삐져나오게 숨겨보자. 아이는 눈에 보이지 않는 것은 거기에 없다고 생각하지만 약간 보인다면 알게 될 것이다. 대상 영속성 개념이 발달하면 완전히 보이지 않아도 존재한다는 것을 깨닫게 된다.

- 공 굴리기: 아이와 마주 앉아 말랑말랑한 공을 아이 앞으로 굴려 아이가 잡게 하고, 잡은 공을 다시 조부모에게 굴려 보내게 한다. 다른 데로 굴러간 공은 기어가서 잡아 다시 공놀이를 하도록 하자. 움직이는 과정을 통해 대근육이 발달하게 된다.

- 두드리기: 부엌에서 냄비나 주전자를 주걱이나 나무젓가락으로 두드리게 하면 소리가 나므로 즐거워한다. 이 시기의 아이는 탐색을 하며 흔들거나 당기고 두드리는 행동을 한다. 손에 쥔 물건을 사용해 두드리면서 도구를 사용하는 것에 대한 이해가 생기고 에너지를 방출할 수 있다.

- 물놀이: 아이가 혼자서 잘 앉아 있을 수 있다면 목욕하기 전에 욕조나 큰 대야에 물을 채우고 앉힌다. 그 안에 둥둥 뜨는 오리 장난감이나 조그만 플라스틱 컵 등을 띄워주면 물을 떠서 붓고 다시 쏟으면서 즐겁게 놀 것이다. 물놀이의 즐거움은 목욕에 대한 거부감을 줄여주고, 둥둥 떠다니는 장난감이 호기심을 자극하며, 물을 뜨고 붓는 행동은 감각 운동 능력을 발달시킨다.

- 발등 걸음마: 11개월 정도 되었을 때 조부모의 발등에 아이의 발을 올려놓고 아이 손을 잡고 걸으면서 천천히 돌아다닌다. 노래를 부르며 걸음걸이를 조절하는 것도 좋다. 동요 「반짝반짝 작은 별」은 4박자라서 발걸음을 맞추기 편하다. 춤추듯이 옆으로, 뒤로, 앞으로 걸으면서 균형 잡는 것을 배우게 하자. 아이는 신체 감각을 느끼면서 서고 걷는 것이 어떤 느낌인지 배우게 된다.

1~2세

- 산책하기: 걷기 가능해지고, 주변의 사물에 대한 관심이 증가하며 탐색을 시작하므로 아이를 데리고 산책을 가보자. 아이의 관심은 주로 아래쪽을 향해 있으므로 개미가 기어 다니는 모습이나 돌멩이, 나뭇잎 등을 관찰하고 오래오래 들여다본다. 아이가 자연에 관심을 가지도록 기다려주자. 모래밭, 흙길, 콘크리트 길 등 다양한 길을 산책하면서 경험을 넓혀주자.

- 걷기 놀이: 바닥에 청색 테이프를 길게 또는 휘어지게 붙이고 그것을 따라서 걷도록 해보자. 아이가 조부모의 지시에 따라 걸음걸이를 조절하는 것을 배우게 된다.

- 그대로 멈춰라: "즐겁게 춤을 추다가 그대로 멈춰라" 노래를 부르며 아이의 손을 잡고 함께 춤을 추면서 "멈춰라" 부분에서 멈추자. 아이가 아직 멈추는 법을 모르면 멈추도록 도와주고 성공하면 칭찬해준다. 그리고 다시 춤을 추는 것이다. 멈추는 행위를 하려면 소리를 집중해서 들어야 하고, 움직이고 싶어도 참는 자기 조절 능력이 요구되며, 신체 균형도 필요하다. 아이는 이런 놀이를 하면서 인지, 자기 조절, 운동 능력이 발달한다.

- 볼링 놀이: 빈 페트병을 여러 개 모아놓고 말랑말랑한 공을 굴려 페트병을 쓰러트리는 볼링 놀이를 해보자. 처음에는 아이의 손을 잡고 함께 공을 굴리다가 점점 혼자 하도록 두자. 페트병을 맞추려면 집중해야 하고, 공간에 대한 감각이 필요하며, 근육을 조절해야 한다. 아이가 공을 굴려 페트병을 쓰러트리면 기뻐하고 만족감을 느끼게 된다. 쓰러트린 페트병의 수를 세면서 수의 개념을 익히고, 숫자 세는 법을 배울 수 있다.

- 노래 부르기: 아이들은 잘 따라 부르지는 못해도 노래 부르는 것을 좋아한다. 아직 말문이 트이지 않은 아이도 반복되는 노래를 부르며 말이 트이기도 한다. 아이가 좋아할 만한 여러 가지 노래를 조부모가 율동과 함께 자주 불러주면 따라 부르고 동작도 따라할 수 있다. 아이가 좋아하는 노래들을 배워 불러보자.
"아기 상어 뚜루루뚜루 귀여운 뚜루루뚜루 바닷속 아기 상어"
"삐약삐약 병아리, 음메음메 송아지, 따당따당 사냥꾼, 뒤뚱뒤뚱 물오리"
"곰 세 마리가 한 집에 있어 아빠 곰 엄마 곰 애기 곰"

- 점토 놀이: 밀가루 반죽이나 점토를 가지고 조물조물 뭉치고 뜯어서 길게 말고 납작하게 펼쳐보는 등 다양한 모양을 만들어

보자. 빨대가 있으면 빨대를 점토에 꽂아보고, 콕콕 찍어보기도 하자. 아이는 점토의 말랑한 감각을 익히고, 소근육의 조절 능력을 키우며, 자신이 무언가를 만들어냈다는 성취감을 느낄 수 있다.

- 엄마 놀이: 기억력이 생기고 모방 심리가 커지기 때문에 부모나 조부모의 행동을 하나하나 관찰한 후 상징 놀이를 할 수 있다. 아이가 엄마처럼 인형에게 젖병으로 우유를 먹이거나 유모차에 태우거나 업거나 자장자장 재우기도 하고 부엌에서 밥을 차리는 등 흉내 내며 노는 것이다. 이런 상징 놀이는 언어와 상상력 발달을 자극한다.

- 전화 놀이: 장난감 전화기나 고장 난 핸드폰으로 전화 놀이를 해보자. 아이가 "여보세요"라고 하면 조부모는 "네, 누구세요? 맘마 먹었어요?"라고 반응해주고, 이야기를 주고받으며 놀아보자. 아이는 순서대로 말하는 것을 배우고 사회성 기술을 익힌다.

16개월이 지나면서 아이들은 엄마 놀이나 전화 놀이 같은 상징 놀이를 하게 된다. 이런 놀이는 혼자보다는 조부모와 함께할 때 더 재미있다. 그러나 조부모는 아이와 노는 방법을 잘 몰라서 어떻게 반응해야 할지 막막할 때가 많다. 아이를 지지해주고 싶지만 놀이에 대한 아이디어가 없다 보니 "우유병 좀 찾아봐"라는 식의 지시를 하던가, "옳지, 잘하네"라는 칭찬을 해줄 뿐이다. 연구에 의하면, 조부모가 아이의 주의를 끌기 위해 "이것 좀 봐, 이게 뭐지?"라고 하거나 "이게 무슨 색이야?"라는 뜬금없는 질문을 할 때 놀이의 질이 떨어진다고 한다. 오히려 아이가 "이거 해줘"라고 할 때 "이거 해줘?"라고 아이가 한 말을 똑같이 따라 하고, 놀이를 이어가는 질문, 예를 들어 밥 차리기 놀이를 하는 아이에게 "어떤 음식을 만들어볼까?"와 같이 물어볼 때 수준 높은 상징 놀이를 하게 된다고 한다. 조부모가 아이와 함께 놀 때 좀더 신경을 쓰며 말해준다면 아이는 더 재미를 느낄 수 있다. 아무 생각 없이 지시나 강요하는 대신 아이가 놀이에 재미를 붙이도록 적합한 질문을 해주자.

2~3세

- 놀이터에서 놀기: 대근육이 발달하고 주도성이 증가하며 에너지가 넘치므로 놀이터에 나가 미끄럼틀 타기, 그네 타기 등 활동적인 놀이를 하는 것이 좋다. 밖에 나갈 수 없다면 집에서라도 활동적으로 놀아주자. 발로 밀고 다니는 자동차나 말 모형을

타거나 기어 들어갔다 나왔다 하는 터널 놀이 같은 것을 하자. 이 시기의 아이들은 자율성이 커져서 뭐든 혼자 하겠다고 "내가 할거야"라는 말을 자주 한다. 위험하지만 않다면 아이가 혼자 하려고 할 때 허용하고 옆에서 지켜보는 것이 좋다.

- 친구와 놀기: 아직 친구와 어울려 놀지는 못하지만, 함께 있으면 더 잘 논다. 놀이터에서 친구를 만나면 서로 말을 하지 않고 아직 같이 놀 줄 모르지만 서로 쳐다보면서 마음속으로는 같이 논다. 이런 단계를 거쳐 점점 친구와 함께 소꿉놀이를 하고 대화도 하면서 놀게 되는 것이다.

- 숫자 놀이: 아이가 하나, 둘 하고 숫자를 말로 셀 수 있으면 숫자 놀이를 해보자. 과자가 담긴 봉지를 주고 그중에서 "할머니에게 세 개 주세요"라고 해보자. 장난감 블록을 들고 "나 한 개" "너 한 개" "나 두 개" "너 두 개" 이렇게 서로 나누고, 전부 몇 개인지 세어보도록 하자. 숫자에 대한 개념이 생기고 나면 더하기, 빼기도 놀이를 통해 배울 수 있다.

- 가위질하기: 30개월 정도 되면 손목을 움직이는 능력이 발달해 가위질이 가능하다. 아이용 안전 가위를 사용해 종이를 싹둑

싹둑 잘라보게 하자. 가위질은 손과 손목의 운동 기능의 섬세한 협응이 필요하다. 이런 협응이 가능해지면 그림 그리기, 글씨 쓰기도 할 수 있다. 가위로 싹둑싹둑 잘리는 모습은 신기하고 재미있기 때문에 아이는 모든 것을 잘라보고 싶어 할지 모른다. 놀이를 한 뒤에는 반드시 가위를 보이지 않는 곳에 안전하게 치워두고 아무거나 자르면 안 된다고 알려주자. 아이는 눈 깜짝할 사이에 자기 앞머리를 싹둑 자르기도 한다.

- 그림 그리기: 손의 협응이 가능해지면 크레용이나 색연필로 그림을 그려보게 하자. 스케치북을 하나 준비해서 선을 긋고 동그라미를 그리게 하고, 잘하지 못하면 조부모가 옆에서 시범으로 보여주는 것도 좋다. 손으로 크레용을 쥐는 것이 익숙해지면 좋아하는 색깔이나 여러 색깔로 다양한 모양을 그리도록 해주자. 아이가 좋아하는 노래나 음악을 틀고 들려주면서 그림을 그리게 하는 것도 좋다. 음악을 들으면서 생기는 정서적인 느낌을 그림으로 표현할 수 있음을 배우게 된다.

- 병원 놀이: 인형과 함께 병원 놀이를 해보자. 놀이에 필요한 주사기나 청진기가 없다면 작은 막대기를 주사기, 끈을 청진기라고 가정하면서 놀 수 있다. 예를 들어 조부모가 토끼 인형이 아

파서 병원에 데리고 왔는데, 아이가 의사 역할을 하며 열을 재거나 진찰을 하고 약을 지어주는 상황을 놀이로 표현하도록 하자. 아이가 병원을 다녀온 경험을 바탕으로 의사 노릇을 하게 하고, 무엇을 해야 할지 잘 모를 때는 조부모가 도와줄 수 있다. 조부모가 토끼의 보호자 역할을 하면서 "우리 토끼 배가 아픈 것 같아요. 진찰해주세요"라고 말해 진찰을 하도록 하고, "의사 선생님, 이제 주사도 맞아야 하나요?" 물으면서 주사를 놓게 하는 것이다. 이런 식으로 아이가 의사로서 무엇을 해야 하는지 안내해주면 놀이가 재미있게 이어지게 된다.

이런 방식으로 병원 놀이, 슈퍼마켓 놀이, 식당 놀이 같은 사회적 상황과 관련된 놀이를 하면서 의사나 판매원, 식당 종업원은 어떻게 행동하는지 그 역할에 관한 지식이 생기고, 다른 사람의 관점에서 세상을 보는 연습을 하게 된다.

놀이를 할 때 가장 중요한 점은 놀이를 하는 사람은 아이라는 것이다. 발달 연령에 맞는 놀이와 장난감이 정해져 있다 해도 무엇보다 아이가 좋아하고 재미있어 해야 한다. 아이가 좋아하는 장난감은 무엇이고, 어떤 놀이를 좋아하는지 파악한 다음 아이에게 맞춰가며 놀아주자. 아이들은 어른이 함께 놀이에 참여할 때 즐겁게 놀며, 운동 기능뿐 아니라 인지 능력이 좋아져 생각하는 힘을 기르고 말하는 법을 터득하면서 모든 영역의 발달이 촉진된다. 조부모가 아이의 눈높이에 맞춰 즐겁게 놀아줌으로써 육아의 시간은 의미를 더하게 될 것이다.

18개월까지 절대 하면 안 되는 것

많은 사람이 하루 종일 스마트폰이나 인터넷에 의존해서 관계를 맺으며 살고 있다. 코로나19로 인해 사람들을 많이 만나지 못하지만, SNS나 메신저를 통해 서로 교류하고 인터넷 속 영상을 보면서 허전함을 달래는 세상이다. 초등학생들도 인터넷으로 수업을 듣기 위해 하루 종일 노트북을 들여다보면서 공부를 하고 숙제를 한다.

 어른들이 텔레비전이나 미디어를 보고 있으면 아이들도 옆에서 현란한 영상에 빠져들게 되어 조용해진다. 아이들은 움직이고 소리 나는 장난감에 집중하는데, 텔레비전 등의 미디어 영상은 더욱 자극적이므로 아이의 주의를 끌기 쉽다. 조부모들은 육아를 하며 집안일도 해야 하고 가끔 개인적인 볼일을 보느라 아이에게 어린이 교육 프로그램이나 만화 채널을 틀고 보여주며 시간을 벌고 싶을 것이다. 4차 산업 혁명 시대, 모든 것이 인터넷으로 연결되며 영상으로 표현되는 세상인데, 아이가 조금 일찍 접하는 게 그리 나쁘지 않으리라 생각할 수 있다.

그러나 텔레비전이나 스마트폰의 빠르게 움직이는 영상은 주의를 강하게 끌어당기기 때문에 노력을 기울여서 집중하는 일을 하기 어렵게 만든다. 특히 어린 시절에는 주의를 기울이는 훈련을 해야 하는데, 영상물은 그것을 방해한다. 텔레비전의 애니메이션을 꼼짝하지 않고 보고 있는 아이를 보면 집중력이 대단하다고 생각할 수 있다. 그러나 영상은 스스로 생각을 해내고 집중하는 것을 어렵게 만든다. 생각을 조직하고 계획하는 기능을 하는 뇌의 전전두엽의 중추를 마비시켜, 아이의 뇌가 강한 외부 자극에만 반응하는 '팝콘 뇌'로 변할 수 있는 것이다. 그래서 미국 소아과협회에서는 18개월 이하 아이에게 텔레비전이나 컴퓨터, 스마트폰을 절대 보여주지 말라고 권고한다. 연구에 따르면, 실제로 1~3세에 텔레비전을 많이 본 아이들은 7세가 되었을 때 주의력에 문제가 있다고 밝혀지기도 했다.

아이는 사람과 눈을 맞추고 옹알이를 하고 상호작용하면서 말을 배우고 사회성을 길러간다. 잘 갖춰진 환경에 최신형 미디어 기기나 좋은 교재가 있더라도 사람과 직접 상호작용하지 않는다면 사람을 대하고 감정을 전달하는 데 어려움을 겪을 수밖에 없다. 또한 미디어에 많이 노출되면 언어 발달이 제대로 이뤄지지 않는다. 또한 아이들은 기고, 걷고, 뛰고, 계단을 오르내리는 등 몸을 움직이며 놀아야 신체 발달이 정상적으로 이루어지는데, 이 시기에 가만히 앉아 텔레비전을 본다면 발달이 지연될 수밖에 없다. 최근 아이를 텔레비전에 맡겼더니 옹알이가 줄고 엄마와 눈도 맞추지 않는다고 염려하는 사례가 심심치 않게 발생한다. 어린 나이에 하루 두 시간 이상 영상물을 보고, 사람과 대화하는 대신 사운드 북이나 세이 펜으로 책을 읽다 보면 유아 미디어 증후군에 걸릴 위험이 있다. 미디어 노출로 언어, 행동, 사회성, 인지, 정서적 발달이 지연되는 유사 자폐증이 생기는 것이다. 가능하다면 적어도 18개월 이전까지는 미디어 노출을 줄이고 아이와 상호작용하며 놀고 직접 책을 읽어주도록 하자.

 많은 조부모 역시 아이에게 좋지 않다는 건 알고 있지만 하루가 너무 길어 텔레비전을 보여주고 스마트폰을 쥐여주게 된다고 말한다. 아이 보기가 너무 힘들어 꼭 미디어 영상을 보여줘야 한다면, 하루 1시간 이내로 시간을 정해두자. 아이에게 적합한 내용을 골라야 하는데 느린 속도의 차분한 영상으로, 이해하기 쉬운 일상을 다루는 것이 좋다. 그리고 영상물의 문제는 일방적으로 주의를 잡아당기는 데 있으니, 아이에게 말을 걸고 상호작용을 촉진하는 영상을 보여주는 것이 좋다. 노래를 반복해서 따라 부르고 율동을 알려주는 영상이 있다면 조부모가 아이와 함께 노래하고 율동을 배우는 것도 좋은 방법이다.

두 살이 넘더라도 어린 시기에는 너무 많은 텔레비전 시청과 미디어 노출은 금지하자. 시력이 나빠지기도 하고, 어린이 프로그램이라 해도 폭력적이거나 공격적인 내용이 포함돼 있기도 하다. 이미 많은 연구를 통해 공격적인 콘텐츠를 자주 접한 아이들은 공격성이 늘어나서 쉽게 싸우고 때리는 경향이 있다는 사실이 밝혀졌다. 가능하다면 아이를 키우는 집에서는 당분간 텔레비전을 치워 버리고, 어른들도 아이 앞에서 스마트폰이나 미디어를 최대한 보지 않는 것이 좋다.

- 놀이를 통해 아이는 뇌의 다양한 영역과 몸의 근육을 발달시켜요. 아이의 발달 시기에 맞게 자주 몸으로 놀아주세요.

- 적어도 18개월 이전에는 텔레비전이나 스마트폰을 아이에게 보여주지 마세요.

- 아이와의 놀이법을 몰라서 하루가 너무 길게 느껴진다면, 유튜브에서 아이와 놀아주기를 검색해보세요. 다양한 놀이와 구체적인 놀이법 영상이 많이 있어요.

12

아이의 언어

"애가 왜 이렇게 말이 늦을까? 소아정신과에 가서 검사해보고 일찍부터 언어 치료라도 받아봐야 하는 건 아닐까?"
하나밖에 없는 손자가 말이 늦으니 애가 탔다. 이웃집 여자아이와 비교하니 너무 뒤처지는 것 같았다. 나름대로 잘 돌봐주느라 노력하고 있지만, 언어 자극이 부족한 건 아닌지 불안한 마음에 딸에게 병원에 가서 의사에게 물어보라고 했다. 병원에서는 아이가 지극히 정상이니 염려하지 말라고 했단다. 이후에 아이는 나와 함께 동요 책에 나오는 노래를 부르면서 서서히 말문이 트여갔다.

언어는 인간이 다른 동물과 구별되는 독특한 특성이다. 동물들은 소리로 의사 소통을 하지만, 인간은 언어를 통해 의사 소통을 하면서 창의적인 표현도 할 수 있다. 인간에게는 선천적으로 언어 습득을 할 수 있는 장치 Language Aquisition Device가 주어져 있어 여느 동물과 달리 언어의 문법을 배울 수 있다. 하지만 언어 발달에는 결정적 시기가 있어서 그때 사람과 상호작용하며 말을 듣고 따라 하지 않으면 언어를 배우기 어렵다. 개가 키운 소년의 이야기는 언어 발달의 시기가 얼마나 중요한지 보여주는 사례다. 2004년 시베리아에서 개가 키운 7세 소년이 발견되었다. 이 아이는 생후 3개월 무렵 엄마가 가출한 뒤 곧이어 알코올 중독자인 아버지마저 떠나버려 집에 홀로 남겨졌는데, 이 집에서 키우던 개가 소년에게 먹을 것을 찾아다 먹이며 돌봤다고 한다. 발견 당시 소년은 네 발로 다니고 개처럼 짖는 소리를 내고 사람을 무는 행동을 보였다. 이후 보육원으로 옮겨져 교육을 받으면서 그와 같은 행동은 사라졌지만, 말을 배우는 것은 어려워했다고 한다. 특히, 단어는 배울 수 있었지만 문법에 맞는 말을 하지는 못했다.

옹알이와 몸짓

아이는 생후 6주 정도부터 "우우" 하는 소리^{cooing}를 내다가 3~4개월이 되면 여기에 자음을 붙여 "그그그" "다다다"와 같은 소리를 내며 옹알이를 시작한다. 아이는 만족스러운 상태에서 옹알이를 하는데, 옹알이를 하는 것 자체가 아이에게 기쁨을 준다. 아이는 옹알이로 어른들과 상호작용하면서 대화의 규칙을 배워간다. 6~8개월에는 상대방이 말을 하면 소리를 내지 않고 들으며 기다렸다가 상대가 말을 멈추면 옹알이를 한다. 아직 말을 하지 못하지만 교대로 순서 지키기, 서로 시선 맞추기, 같은 것에 함께 주의 두기와 같은 대화의 기본을 터득하는 것이다. 이는 대화가 듣기와 말하기를 번갈아 가며 이뤄지는 것임을 배우는 과정이므로, 조부모는 아이와 눈을 맞추고 옹알이에 귀를 기울이고 반응해줘야 한다.

말을 못 하는 시기에 아이들은 몸짓으로 자신을 표현하려 한다.

8~10개월이 된 아이는 우유를 먹고 싶을 때 냉장고를 가리켰다가 검지를 입에 넣는 시늉을 하기도 하고, 안기고 싶을 때 팔을 벌려 안아달라고 한다. 아이는 몸짓을 상징으로 사용하면서 언어의 상징성을 배워간다. 아이가 몸짓으로 표현할 때 모른 체하지 말고 대답해주면서 요구를 들어주자. "우유가 먹고 싶구나?"라고 말하면서 우유를 꺼내 주고, "안아달라구?"라고 말하며 안아주는 것이다. 아이가 아직 말을 하지 못하더라도 조부모가 반응해주고, 주변 사물들의 이름을 알려주고, 적극적으로 상호작용을 하는 과정을 통해 아이는 언어를 배우게 된다.

다른 사람의 말을 알아듣고 이해하는 뇌의 언어 이해 회로는 첫돌 이전부터 발달하지만, 말을 만들고 입 밖으로 꺼내게 하는 뇌의 언어 표현 회로는 그보다 늦게 발달한다. 그래서 아이는 말을 시작하기 전에 이미 많은 단어를 이해한다는 이론이 증명되고 있다.

단어를 문장으로

보통 12개월 무렵의 아이는 처음으로 단어를 말하고, 한 단어로 자기 의사를 표현한다. 이때는 반복어, 의성어를 주로 사용한다. "맘마" "멍멍이" "까까" 같은 것이다. 18개월에는 언어를 담당하는 뇌의 영역이 발달하면서 한두 단어를 말하던 단계에서 더 나아가 폭발적으로 어휘가 늘어난다. 아이들이 사용하는 초기 단어들은 음식이나 음료, 동물, 옷, 장난감, 탈것 등을 가리키는 명사인데, 자신들이 원하고 흥미를 느끼는 것을 지시하기 때문인 듯하다. 사용하는 어휘가 늘어나면서 아이들은 두 단어를 결합시켜 자기 의사를 표현한다. 핵심적인 단어를 붙여 "엄마 맘마" 같은 것이다. 그러나 알고 있는 어휘가 늘어난다고 해서 말을 잘할 수 있는 것은 아니다. 사람들과 대화를 하려면 아는 단어를 문법에 맞게 배치해야 한다.

처음 말을 시작하는 단계에는 "맘마 먹자"와 같이 단순한 문장을 들려주는 것이 좋다. 그리고 점점 문장의 길이를 늘려주자. 아이가 발음이 서툴러 잘못 말한다고 해도 고쳐줄 필요는 없다. 아이가 짧게 말한 문장에 말을 덧붙여 풍부한 문장을 만들어주자. "엄마 없다"라는 말에 "엄마가 일하러 회사에 갔지?"라고 답해주는 것이다. 이렇게 좀더 긴 문장을 들으면서 문법을 배우고 언어 능력이 좋아진다.

문법의 터득

만 두 살 정도에는 사물의 이름을 많이 알게 되고, 새로운 이름도 빨리 익힐 수 있다. 그리고 세 개 이상의 낱말을 연결해 보다 길고 복잡한 문장을 만들어 사용하기 시작한다. 이때 아이는 문법에 맞는 순서로 낱말들을 연결하는데, 단순히 주변에서 들은 말을 반복하는 것이 아니라 문법 규칙을 적용하는 능력을 발휘한다. 아이는 타고난 언어 습득 장치를 바탕으로 어린 시기에 사람들과 상호작용하며 언어를 접하면서 문법을 터득하는 것이다.

또한 아이는 이제 동사의 시제를 익혀 "내가 할 거야" "내가 했어"라는 말을 할 수 있다. 그리고 비교해서 말하기가 가능해 '많다' '적다' '크다' '작다' '길다' '짧다' '무겁다' '가볍다'와 같은 단어를 사용하며 대립 관계를 이해하게 된다. 그렇지만 언어를 이해하는 데 어려움을 겪는 아이들은 아직 상징적인 의미나 추상적인 개념을 이해하기 힘들어한다. 두 살 이후에는 조부모가 일상생활을 하면서 아이에게 시제와 추상적인 개념을 가르쳐보자. 밥을 주면서 "할머니 밥은 많은데 우리 아가 밥은 적네" 또는 과자를 나누면서도 "네 거는 5개니까 많고, 할머니 거는 3개니까 적네"라고 말하는 것이다. 아이를 안아주면서 "아이 때는 가벼웠는데 오늘은 무겁네"라고 말해주면서 개념을 익히도록 할 수 있다.

말을 배우면서 아이는 "이거 뭐야?"라는 질문을 하고, 그 다음에는 "왜요?" "어떻게요?"라는 질문을 자주 한다. 좀더 크면 더 어려운 질문을 쏟아낼 것이다. 아이는 이런 질문을 통해 필요한 정보를 얻고 어른이 가진 것과 비슷한 지식 구조를 만들어가게 된다.

아이의 질문은 인지 수준과 관련된다. 아이는 자기 인지 발달에 맞는 질문을 하는 것이니, 귀찮더라도 성심껏 대답해주는 게 좋다. 꼬리를 무는 아이의 질문에 잘 대답해주면 아이는 계속 질문하며 지식을 넓혀갈 것이다. 하지만 조부모가 귀찮아하면서 "몰라" "질문 좀 그만해라"라고 가로막으면 어린아이는 더 이상 질문하지 않고 세상에 대한 관심을 억누르거나 의문을 갖는 것을 포기하기도 한다. 모르는 부분은 아이와 함께 책을 찾아보며 대답해주자. 아이의 질문에 답하지 못한다는 게 자존심 상하는 일이라 생각할 수 있지만, 함께 탐구하는 과정이 아이에게 오히려 더 좋은 영향을 줄 것이다.

아이마다 다른 언어 발달

언어 발달에는 개인차가 크다. 일반적으로 여자아이들이 말을 빨리 시작하고 더 잘하고, 남자아이들은 더딘 편이다. 여자는 말을 할 때 양쪽 뇌를 모두 사용하지만 남자는 좌뇌만 사용하고 게다가 태내 호르몬의 영향으로 좌뇌 발달이 더디기 때문에 언어 발달이 늦다는 이론이 있다. 그래서 말이 더딘 남자아이들에게는 의성어나 의태어를 쓰거나 리듬을 만들어 말을 해주면 배우기가 수월하다고 한다. 조부모가 다양한 노래를 불러주며 관심을 끌어보자. 노래를 따라 부르면서 아이는 말이 늘 수 있다. 아이가 즐거워할 만한 노래를 익혀서 자꾸 불러주자. 조부모가 노래를 잘 모르면 동요집을 사서 그것을 보면서 아이와 함께 노래를 부르는 것도 좋은 방법이다.

언어 습득에는 성격 차이도 영향을 미쳐서 내향적인 아이보다는 외향적인 아이가 더 빨리 말을 배운다. 외향적인 아이는 자신이 생각하는 것을 표현하려고 노력하므로 언어 습득력이 좋다. 돌봐주는 사람과 좋은 관계를 맺고 있는지 여부도 중요하다. 조부모에게 인정이나 사랑을 받는다고 느끼면 편안하게 자기를 표현하지만, 자주 야단치고 무서운 조부모에게는 눈치를 보면서 말이 잘 나오지 않을 수 있다.

조부모는 손주에게 말을 가르치고 싶은 욕심에 질문을 쏟아내거나 말을 강요하기 쉽다. 그림책을 놓고 "이건 뭐야?"라는 식으로 다그치지 말고 "자동차구나, 빠방 하고 달리는 자동차"라는 식으로 이야기를 해주자. 그리고 따뜻하고 행복한 분위기에서 대화를 많이 하면 아이의 표현력이 좋아질 것이다.

두 살이 넘어가면서 문장으로 길게 잘 표현하는 아이들이 있는가 하면, 단어 몇 개로만 말을 하는 아이들도 있다. 말을 빨리 시작하고 잘하는 아이들을 보면 말이 더딘 아이의 부모나 조부모는 불안하고 초조함을 느낀다. 아이에게 중이염이나 반응성 애착 장애가 있는 건 아닌지 체크해보고, 그렇지 않다면 말문이 늦게 터지는 아이도 있으니 너무 염려하지 말고 우선 언어 이해력을 높여주는 것이 필요하다. 언어 이해력을 높이기 위해서는 아이와 대화를 자주 하고, 좋은 표현이 나오는 동화책을 많이 읽어주자. 일상에서도 "과자 봉지를 까서 쓰레기통에 넣어"와 같은 복잡한 지시를 해주는 것이 좋다. 조부모의 세심한 노력으로 아이의 언어 이해력이 좋아지고 세상에 대한 지식이 쌓여가면 아이가 긴 문장을 술술 말하게 될 날이 올 것이다.

말이 늦을 때 체크해볼 것

▶ 중이염과 귀의 이상

중이염은 박테리아 감염에 의해 걸리는 병으로, 아이가 쉽게 걸리고 재발도 잘 되는 병이다. 거의 모든 아이가 최소 한 번은 중이염에 걸린다고 한다. 중이염을 일으키는 박테리아는 항생제로 제거되지만, 귓속에서 액체가 차올라 서서히 청각이 상실되는 경우에는 위험할 수 있다.

중이염은 생후 6개월에서 3년 사이에 특히 치명적일 수 있는데, 말을 듣고 배우는 시기에 청각에 문제가 생기면 언어 발달뿐 아니라 사회성도 떨어질 수 있기 때문이다. 만성 중이염 증상이 있으면 아이는 소리가 잘 들리지 않는 세상이 정상적이라고 여기고, 아직 언어 발달이 되지 않았기에 증상을 표현할 수도 없다. 제대로 들을 수 없는 상태로는 말을 알아듣고 이해하는 데 어려움이 생길 수 있고, 그와 관련된 뇌의 언어 중추 발달에 영향을 주기도 한다. 초기 청각 상실의 주요인이 중이염이라고 하니, 아이가 소리에 반응하는지 자주 체크하고, 감기가 걸렸을 때는 이비인후과에서 진찰을 받는 것이 좋다.

▶ **반응성 애착 장애**

반응성 애착 장애는 아이가 양육자와 애착을 형성하는 데 실패해서 겪는 정신 장애의 일환으로 지속되면 인간관계에 심각한 문제를 일으킨다. 반응성 애착 장애는 양육자가 아이에게 관심이 없거나 방임하거나 가혹하게 처벌하거나 학대하는 양육 환경에서 발생할 수 있다. 양육자가 우울증을 앓거나, 사회적으로 고립되어 있거나, 열악한 생활 환경에 처했을 때와 같이 부적절한 양육 환경에 처해 아이와 안정적인 애착을 형성하는 데 실패해서 반응성 애착 장애를 야기하기도 한다.

이 장애를 가진 아이는 신체적, 지적, 정서적으로 발달이 지체된다. 사람과 눈을 맞추지 않고, 혼자서만 놀며 자기 이름이 들려도 반응하지 않고, 지시를 잘 따르지 않는다. 따라서 사회적 상호작용을 하지 못하고 관계를 맺지 못하며, 식욕 부진이나 우울증이 나타나기도 한다. 특히 양육자가 적절한 사회적 상호작용을 해주지 않기 때문에 언어 발달이 제대로 이뤄지지 않고 항상 위축되어 있다. 이 장애를 앓고 있는 아이들은 행동이나 언어 사용 패턴이 자폐증과 유사해 오인할 수도 있다. 그러나 자폐증과는 다르다. 주변 사람들이 아이에게 관심을 보여주고 사랑으로 애착관계를 다시 형성해주면 회복이 가능하고 언어 발달도 정상으로 돌아올 수 있다.

　말 없는 조부모와 지내면서 언어 발달이 늦어진다고 걱정하는 부모들이 있다. 조부모가 하루 종일 뚱하게 지내거나 아이에게 말을 걸지 않으면 반응성 애착 장애까지는 아니더라도 언어 발달이 지체되고 위축될 수 있다. 조부모는 아이에게 "배고프니?" "맘마 먹자"와 같은 말만 하지 말고, 아이의 언어 발달을 위해 일상에서 다양한 형용사, 명사를 사용하며 표현해주자. 잠자고 일어난 아이에게 "오늘은 하늘이 참 맑고 깨끗하구나. 기분 좋은 날이네"라고 말하거나, 밥을 먹을 때도 "상큼한 오이 먹어보자" "고소한 두부 먹을까?"와 같이 풍부한 표현을 사용하며 말을 걸어주는 것이다. 이와 같은 표현이 어렵다면 아이와 함께 있는 시간에 동화책을 많이 읽어주는 것이 좋다. 항상 안경을 주머니에 넣고 다니면서 실감 나게 억양을 변화시켜며 동화책을 읽어주자. 그리고 아이가 아는 단어가 늘어나면 그림이나 동요, 동시가 수록된 다양한 책을 함께 읽자.

- 언어 능력이 발달하는 결정적 시기를 보내고 있는 우리 아이에게 자주 말을 걸어주세요.

- 아이의 옹알이에 웃으며 반응해주고 아이의 요구를 구체적으로 말로 풀어서 이야기해주세요. 아이가 한 단어나 짧은 문장을 말했을 때 그 말에 좀더 살을 붙여 그보다 길게 이야기해주는 게 좋아요.

- 우리 아이가 말을 더디게 배워도 다그치지 말고 기다려주세요. 의성어, 의태어로 말에 리듬을 넣거나 노래를 부르는 게 도움이 될 거예요.

- 일상의 모습과 행동을 예쁜 단어를 사용하며 아이에게 말로 들려주세요. 이야기를 들려주거나 동화책을 읽어줄 때도 표정과 동작을 풍부하게, 생동감 있는 목소리로 들려주면 아이가 좋아해요.

13

쉬와 응가

"할머니, 응가 마려워요. 기저귀 채워주세요."
손자가 다급해하며 인상을 찌푸리고 소리를 지른다. 두 살 무렵에 배변 훈련을 하고 기저귀를 뗀 손자가 대변은 꼭 기저귀를 차고 거실의 소파 뒤에 숨어서 봤다.

처음에 이동식 변기에 앉아 응가를 시도했을 때다. 아이는 대변을 보다 말고 일어서서 자기가 눈 대변을 눈으로 확인하고는 다시 변기에 앉지 않고 일어서버렸다. 대변이 몸에 묻을까 봐 두려웠을까? 아니면 그것이 자기 몸의 일부라고 생각하고 아까웠을까? 그날 이후 소변은 실수 없이 변기에 누는 아이가 대변은 꼭 기저귀를 차고 봤다. 거의 세 돌이 되었을 때야 어린이집 선생님의 도움으로 어렵사리 배변 훈련은 끝을 맺었다.

대소변 가리기는 아이나 아이를 돌보는 조부모, 부모에게 아주 큰 사건이다. 아이는 배변 훈련을 통해 자신을 통제할 수 있는 능력을 갖추고, 부모는 기저귀 값을 줄일 수 있어 경제적으로 도움이 될뿐더러 조부모는 기저귀를 갈아주고 몸을 씻기는 일에서 해방되어 육아의 짐이 줄어든다. 그래서 다른 아이가 일찍 기저귀를 뗐다는 말을 들으면 우리 아이도 배변 훈련을 시작해볼까 하는 생각이 들 것이다. 그렇다고 해서 아무 때나 시작하면 성공하기 어렵다.

배변 훈련은 언제부터 시작하는 것이 좋을까? 보통 18~24개월이 된 아이들은 변기에 앉는 데 관심을 갖기 시작하지만, 어떤 아이는 두 살 반이 넘어도 준비가 안 될 수도 있다. 아직 준비가 되지 않았을 때 변기에 앉히기 시작하면 훈련 기간이 더 늘어난다. 남자아이는 여자아이보다 변기 사용에 시간이 더 많이 걸리는 편이다.

훈련 전 체크리스트

대소변 훈련을 시작하는 것은 나이보다 신체적·정서적 준비가 더 중요하다. 미국의 비영리 종합병원 메이오 클리닉 Mayo Clinic에서는 아이가 배변 훈련을 할 준비가 되었는지 알아보려면 다음 사항을 확인하라고 권한다.

- 아이용 변기에 관심을 보이고 팬티를 입고 싶어 하는가?
- 단순한 지시를 이해하고 따를 수 있는가?
- 대소변을 보고 싶을 때 말이나 얼굴 표정, 몸짓으로 표현할 수 있는가?
- 기저귀가 2시간 이상 젖지 않은 상태로 있는가?
- 기저귀가 젖거나 더러운 것을 참지 못하는가?
- 바지나 팬티를 내리고 올릴 수 있는가?
- 아이용 변기에 앉고 일어설 수 있는가?

위 물음에 '예'라는 답이 대부분이라면 배변 훈련을 시작해도 되지만, '아니오'가 다수라면 기다리는 것이 좋다. 여행이나 이사를 계획하고 있거나 아이가 아프거나 동생을 돌봐야 할 때는 배변 훈련이 어려우므로 안정될 때까지 기다리는 것이 좋다.

배변 훈련하기

배변 훈련을 위해 가장 먼저 할 일은 아이용 변기를 준비하는 것이다. 기존 변기 위에 올리는 것이 있고, 이동식으로 받아서 버리는 것이 있다. 이동식 변기를 사용하려면 아이가 많은 시간을 보내는 장소에 놔둔 후 그곳에서 다리를 벌리고 앉는 연습을 시키자. 화장실 변기를 이용하는 경우 아이의 발이 편안하게 바닥에 닿도록 발판을 미리 준비해주고 앉는 연습을 시킨다. 그리고 "쉬" 혹은 "응가"라고 말하면서 대소변을 본다는 것을 가르쳐주자. 대소변 훈련 동화책을 읽어주면서 변기에 앉는 연습을 시키는 것도 좋다.

아이가 아이용 변기에 관심을 보이면 하루에 몇 번씩 기저귀를 벗기고 앉혀보자. 소변을 볼 만한 시간을 짐작해서 앉혀주는 것이 성공의 비결이다. 우선 잠에서 깨어났는데 기저귀가 젖지 않았다면 바로 변기에 앉혀주자. 물이나 우유를 마신 다음 45분~1시간 후에 앉혀보자. 아이 옆에 있다 보면 소변 볼 시간을 대충 짐작할 수 있다. 아이가 소변이 마려울 때는 생식기 부분을 감싸면서 끙끙거리거나 자기만의 어떤 표현을 할 수 있다. 대변이 마려우면 눈썹 주변이나 얼굴이 빨개지면서 힘을 쓰려고 한다. 그럴 때 얼른 변기에 앉혀보자.

변기에 앉히고 "쉬"나 "응가"라고 말해주면 어느 순간 대소변을 볼 것이다. 그러면 마구 칭찬을 해주자. 아이는 칭찬을 들으면 뿌듯해하고 다음에도 변기를 사용하려 할 것이다. 칭찬을 받으려고 소변이 마렵지 않은데도 변기에 앉을 수도 있다. 그래도 옆에 앉아서 "쉬"라고 말하면서 칭찬해주자. 한 번이라도 성공하면 기저귀를 벗기고 팬티를 입히자. 요즘 판매되는 기저귀는 흡수가 잘 되어서 소변이 묻어 있는지 몰라 아이를 둔감하게 만들 수도 있다. 팬티에 실수를 하면 축축해지므로 대소변 훈련을 시키는 데 도움이 된다.

  대소변 훈련을 하려면 아이가 입고 벗기 쉬운 옷을 입히는 것이 좋다. 위아래가 붙어 있는 우주복이나 멜빵 달린 옷, 지퍼를 내려야 하는 바지는 대소변 훈련하는 데 불편하다. 대소변 훈련을 할 때는 부드러운 천으로 된 고무줄 바지가 편하다. 여자아이의 경우 치렁치렁한 드레스는 옷을 들고 팬티를 벗기가 쉽지 않으니 편안한 치마나 바지를 입히는 것이 어떨까.

  남자아이도 처음에는 앉아서 소변 보는 습관을 들여야 한다. 서서 소변 보는 경험을 하면 다시는 변기에 앉지 않으려 할 수 있다. 그 자세가 편하기도 하고, 앉았다 일어서지 않아도 되기 때문이다. 그러나 서서 소변을 누는 습관이 들면 앉아서 대변을 보는 것까지 힘들어질 수 있다. 그러니 앉아서 대변 보기가 익숙해진 다음 서서 소변 보기를 허락하는 것이 좋다.

대소변은 아이의 신호다

아이가 변기에 앉기 싫어하고 거부하면 얼마 동안은 배변 훈련을 시도하지 말고 기다렸다가 준비가 되었을 때 다시 시도하자. 소변은 변기에, 대변은 기저귀에 누는 아이도 있다. 아마도 이동식 변기가 낮아 대변이 자기 몸에 묻는 게 걱정돼서 그럴 수 있다. 이런 아이들은 화장실을 이용할 때 중간에 물을 내려주면 좀더 수월하게 배변을 할 수 있다.

 배변 훈련이 되었더라도 밤에는 실수를 하기도 한다. 실수해도 야단치지 말고 밤에는 기저귀를 채우는 것이 좋다. 자다가 일어나 변기에 앉게 하는 것은 더 시간이 걸리는 일이다. 아이들은 노는 게 너무 즐거우면 소변보는 데 신경을 쓰지 못하고 실수를 하기도 한다. 이런 경우를 예방하기 위해 집에서 밖으로 나가기 전에, 차를 타기 전에, 친구랑 놀기 전에 미리미리 소변을 보게 하는 것이 좋다.

 대소변을 잘 가리던 아이가 갑자기 옷에 소변을 지리는 경우가 있다. 아이들이 이런 퇴행 행동을 보이는 가장 흔한 이유는 동생이 생겨 자신이 받던 사랑을 동생에게 뺏겼다고 느껴서다. 부모나 조부모에게 크게 혼이 난 후 심리적인 충격을 받았을 때도 그럴 수 있다. 부모가 이혼을 할 때 스트레스를 많이 받는 상황에서 아이가 퇴행적 행동 중 하나로 대소변을 가리지 못하는 경우도 있다. 어떤 상황이든 아이가 다시 대소변을 가리지 못한다면 힘들다는 신호이므로 야단을 치거나 화를 내지 말고 아이에게 따뜻하게 대해주고 지속적으로 사랑과 관심을 표현해줘야 한다.

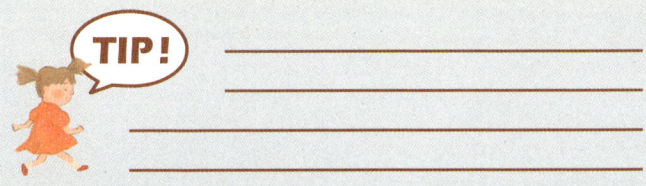

- 기저귀 떼기는 개월 수보다 아이의 준비 상태가 더 중요해요. 서둘러 기저귀를 떼려다 배변 실수를 하면 아이를 혼내게 되고 아이는 스트레스를 받기도 해요. 충분히 기다려준 후 배변 훈련을 시작해주세요.

- 아이용 변기에 익숙해지도록 아이가 자주 노는 공간에 두고 미리 연습해보아요. 대소변 훈련 동화책을 읽는 것도 좋아요.

- 물이나 우유를 마신 후, 잠에서 깬 후 등 아이가 소변을 볼 시간을 짐작해보고, 대변이 마려울 때 아이가 어떤 신호를 보이는지 관찰한 후 미리 변기에 앉혀보세요.

- 대소변을 잘 가리던 아이가 갑자기 실수를 한다면, 혹시 우리 아이가 요즘 스트레스를 받고 있지 않은지 아이의 마음을 헤아려주세요.

14

자기 효능감 키워주기

"이봐요. 못 하잖아요. 나는 잘 안 돼요."
손자는 손가락으로 하는 일에 더디고 서툴렀다. 어린이집에서 다른 친구들과 비교해 자신이 잘하지 못한다는 느낌을 가지고 있어서인지 장난감 레고로 집을 짓거나, 그림을 그리거나, 만들기 놀이를 할 때면 유난히 징징거렸다. 어느 날엔 친구가 만든 레고 집이 자기 것보다 더 멋있어 보이자, 밥도 먹지 않고 울먹이면서 레고 집을 만들었다 부수고 또다시 만들고 있었다. 우리가 "네가 만든 것도 멋져. 괜찮아"라고 말해도 "이게 뭐가 멋있어요? 거짓말 마세요"라며 믿지 않았다. 하는 수 없이 아이 옆에 앉아 "지붕을 파란색으로 꾸밀까 아니면 초록색으로 꾸밀까?" "창문은 어디에 다는 게 좋을까?"라고 물어주자 아이는 스스로 좀더 나은 집을 지었다. 그제야 만족스러운지 얼굴이 환해지며, 절대 자기가 만든 집을 부수지 말라고 부탁했다.

자기 효능감은 '어떤 상황에서 자신이 적절한 행동을 할 수 있다는 믿음'이다. 이것은 일반적인 자존감과는 달리 특정 영역에 국한된다. 아이가 '나는 그림을 잘 그릴 수 있어'라고 기대하거나 '나는 뛰어내리기를 잘할 수 있어'와 같이 자기 경험을 바탕으로 생긴 믿음이다. 어떤 일을 할 때 자신이 잘할 수 있다고 기대하고 믿으면 두려워하지 않고 도전하고 그 일을 지속하게 된다. 계단을 올랐다가 뛰어내리는 것이 가능해져 신체적인 자기 효능감이 생긴 아이는 놀이터에서 미끄럼틀 타기에 쉬이 도전하고, 계속 타려고 하며, 좀 더 큰 아이들이 타는 미끄럼틀도 타보려고 도전한다. 반면 자기 효능감이 없으면 자신감이 떨어져 쭈뼛거리게 되고 시도하려 하지 않고 그저 쳐다보다가 집에 돌아간다.

자기 효능감은 학습을 하고 문제 해결을 하는 데 '비밀 무기' 같은 것이다. 자기 효능감은 자신을 긍정적으로 인식하게 하고, 어떤 과제가 주어지면 성취하기 위해 지속적으로 노력을 기울이게 한다. 한 연구 결과에 따르면, 자기 효능감이 높은 사람들은 열심히 노력하고 끈질기게 문제에 매달리며 포기하지 않기 때문에 결국 성취하는 경향이 높다고 한다. 반면 자기 효능감이 낮은 이들은 스스로를 부정적으로 평가하고 자신감이 떨어져 성취 지향적인 행동을 포기하는 경향이 있다.

자기 효능감이 성취를 안내한다

어릴 때의 자기 효능감은 환경이나 중요한 사람과의 상호작용을 통해 형성된다. 부모나 조부모가 "이렇게 해봐" "저렇게 해봐" 하고 지시하는 것을 따라 하면서 성공을 하거나 실패도 하는 경험을 통해 자기 효능감이 길러진다. 처음부터 어떤 일을 잘 해내는 사람은 없다. 아이가 두 살이 넘어가면 무엇이나 혼자 하려고 시도하면서 여러 능력을 기르게 된다. 손 씻기, 숟가락질, 지퍼 채우기, 옷 벗기 등 가장 초보 수준의 쉬운 일을 아이가 혼자 하도록 가르치면서 자기 효능감을 길러주자. 아이가 옷을 벗을 때 "팔을 잘 빼내면서 옷을 잘 벗네?"라고 칭찬하면서 성취를 경험하도록 도와주자. 손을 씻으라고 하며 "어제도 비누로 거품 내고 손을 잘 씻었지? 오늘도 해볼까?"라고 기억을 상기시키는 것도 좋다. "우리 000은 혼자서 숟가락질도 잘하지?"와 같은 긍정적인 말로 아이가 할 수 있음을 격려해줌으로써 스스로 행동하도록 유도하자. 조부모는 손주의 손을 깨끗하게 얼른 씻겨주거나 깔끔하게 밥을 떠먹여주거나 하는 등 무엇이든 해주고 싶겠지만, 그렇게 하면 아이는 자기 능력을 의심할뿐더러 자율성을 키우지 못한다. 일상생활의 기초가 되는 식사하기, 옷 입고 벗기, 목욕, 대소변 처리하기 등과 같은 자조 기술을 하나씩 차근차근 길러주면서 자기 효능감을 길러주는 것이 좋다.

자기 효능감은 좋은 칭찬을 들을 때 키워지기도 한다. 좋은 칭찬이란 아무 이유 없이 하는 "아이고 예쁘다" "우리 아이 착하지?"와 같은 것이 아니라 아이가 한 일에 대해 구체적으로 칭찬해주는 것이다. 상차림 할 때 아이가 숟가락과 젓가락을 놓는 걸 도와준 상황에서 "숟가락을 똑바로 잘 놓았구나. 위아래도 구분을 잘했네. 젓가락까지 위아래 구분해서 똑바로 하는 법을 배우면 더 잘하겠다!"라고 말하는 것이다. 그러면 아이는 숟가락을 놓는 것에 자기 효능감을 느끼고 다음에는 젓가락도 잘 놓으려고 또 도우려 할 수 있다. 어렵고 복잡한 놀이를 할 때도 좋은 칭찬을 해주며 효능감을 키워보자. 예를 들어 고리 던지기를 할 때 이렇게 말하는 것이다. "한 손으로 고리를 던지는 게 어려운데 000은 참 잘 던지는구나. 조금만 더 멀리 던지면 고리가 막대에 들어가겠어!" 아이는 칭찬을 듣고 더 열심히 노력을 하면서 능력을 키워갈 것이다.

 자기 효능감은 어떤 일에 성공할 때만 길러지는 것은 아니다. 실패하더라도 포기하지 않도록 좋은 칭찬으로 과정을 인정해주고 지지해주면 된다. 아이가 잘하지 못할 때 다른 아이와 비교하거나 흉을 보면서 비웃으면 아이는 수치심을 느끼기 마련이다. 아이들은 두 살이 넘으면서 질투, 당황, 창피함, 수치심, 죄책감과 같은 복잡한 정서가 발달한다. 아이가 수치심과 같은 부정적인 정서를 자주 느낀다면 자기 효능감을 갖기 어렵고, 앞으로 새로운 일에 도전하는 것을 꺼릴 수 있다. 아이가 잘하지 못해도 그 결과로 평가하고 질책하기보다는 하는 방법을 알려주고 다시 시도하도록 격려하면서 자기 효능감을 키워주는 것이 중요하다.

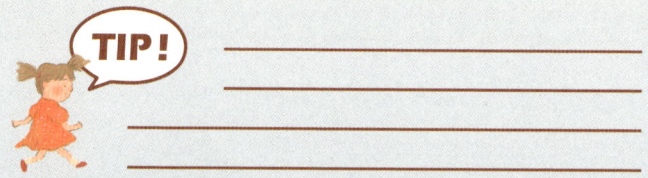

- '자기 효능감'은 요즘 육아에서 자주 나오는 단어로, 어떤 상황에서 자신이 적절하게 행동함으로써 문제를 해결할 수 있다는 신념이나 기대감이에요.

- 자기 효능감이 높은 아이는 무엇인가 해내려는 동기 부여를 스스로 잘하고, 실패하더라도 다시 도전해 끝내 이루려고 노력해요.

- "예쁘다", "착하다"와 같은 단순한 칭찬보다는 아이가 한 일의 과정이나 행동을 구체적으로 칭찬해주세요.

- 손 씻기, 숟가락질, 옷 입고 벗기 등 아이가 할 수 있는 쉬운 일은 스스로 하도록 격려하고 칭찬해주세요. 만약 아이가 잘하지 못하더라도 다음에는 어떻게 해야 해낼지 알려주는 게 좋아요.

15

드디어, 어린이집

"유치원 안 갈래요".
손자는 어린이집을 몇 군데 다녔는데, 첫 어린이집에 특히 가기 싫어했다. 보육 교사들과 맞지 않았던 모양이다. 그곳에는 젊은 인턴 선생님이 많았는데, 그중 어떤 선생님만 보면 아이는 몸이 경직되고 울음을 터뜨리려 했다. 이후 다른 어린이집을 다니면서 아이는 행복해했다. 나이 든 선생님들 몇몇이 운영하는 곳이었는데, 시설은 낡았지만 선생님들이 아이를 진심으로 사랑해주었다. 아이는 그곳에서 친구들과 잘 어울리며 즐겁게 배웠다. 하루는 아이가 어린이집 앞 보도블록에 분필로 그려진 눈금과 글씨를 가리키며,
"할머니, 이건 공룡들 이름이고, 이 줄은 공룡의 키에요."라고 내게 설명해주었다. 아이들이 좋아하는 걸 이렇게 세심하게 가르칠 수 있다는 게 신선했다. 그곳 선생님 도움으로 배변 훈련까지 끝냈다.

어느덧 아이가 커서 잘 걷고, 혼자서 밥도 먹고, 하루 종일 집에만 있기 심심해하면 어린이집이나 놀이방에 가서 친구들과 어울리고 선생님에게 여러 가지를 배우면 좋겠다는 생각이 든다. 그러나 준비되지 않은 채 무작정 어린이집에 보내면 아이가 힘들어할 가능성이 높다. 아이를 어린이집에 보내기 전에 사회생활을 할 수 있을 정도로 미리 훈련시키는 게 좋다.

분리 훈련

아이가 가정을 벗어나 더 큰 세계에 적응하기 위해서는 가족 외 다른 사람들과 함께 지낼 수 있어야 한다. 낯가림이 심한 시기에도 평소에 조부모와 바깥 출입을 하면서 사람들을 접하는 경험이 필요하다. 걷지 못할 때는 유모차에 태워 집 앞 공원이나 산책로에 데려가서 이 사람 저 사람을 만나 이야기를 나누는 모습을 보여주는 게 좋다. 좀더 커서 아이가 걸을 수 있으면 놀이터에 나가 다른 아이와 놀기도 하고 이웃들을 만나다 보면 다른 사람과도 편해질 수 있다.

  주로 집에 있던 아이들은 다른 공간에 가서 낯선 사람을 만나면 불안을 느끼기도 한다. 아이들을 위한 공간을 찾아보고 또래를 만나게 하면서 분리 훈련을 서서히 시작해보자. 처음에는 그곳이 어디든 새로운 공간이면 아이가 낯선 곳에 들어가길 꺼릴 수 있으니 조부모는 아이가 편안해질 때까지 기다렸다가 함께 들어가는 것이 좋다. 우선 부모나 조부모와 함께 있으면서 아이가 놀 수 있는 '키즈 카페' 같은 곳을 이용해보자. 다소 비싸기는 하지만 음식이나 차를 팔기 때문에 아이는 자유롭게 놀고 어른들은 음식을 먹거나 차를 마시면서 이야기를 나눌 수 있는 공간이다. 아이는 부모나 조부모가 가까이에 있기에 안심하고 다양한 장난감과 놀이 기구를 이용하면서 활동적으로 놀 수 있다. 공원 같은 곳과 달리 닫힌 공간이고 지켜보는 직원들도 있어서 아이를 잃어버릴 염려를 하지 않고 마음 놓고 시간을 보낼 수 있다. 아이들은 자신보다 큰 아이들이 노는 것을 보며 흉내 내며 놀거나 그곳에 비치된 공주 옷이나 우주인 옷 등을 입어보며 기뻐할 수도 있다. 실컷 놀던 아이는 어른들이 있는 곳에 와서 간식을 먹거나 물 한 모금을 마시면서 부모나 조부모가 있음을 확인한 후에 안심하고 다시 놀이에 낄 것이다.

문화 센터의 다양한 프로그램을 단기적으로 이용할 수도 있다. 요즘은 동네에서도 문화 센터를 운영하는 곳이 많다. 꼭 규칙적으로 보내지 않더라도 우선 일회성으로 하는 놀이나 음악, 미술, 요리 프로그램 등에 참여시켜보자. 아이가 떨어지려 하지 않으면 어른이 함께할 수 있는 프로그램에 아이를 데리고 참석해도 좋다. 조부모는 아이와 어떻게 놀아야 할지 구체적인 아이디어를 얻고, 아이는 쭈뼛거리지 않고 적응하는 법을 배운다. 동네 놀이방이나 체험 프로그램에 다니면서 아이는 집보다 더 재미있는 곳이 있음을 깨닫고 관심을 가지게 된다.

어린이집 고르기

어린이집 선택은 부모가 결정할 일이지만, 바쁜 부모를 도와 조부모가 알아볼 수 있다. 우선 집에서 가까운 곳이 좋다. 너무 먼 곳은 아이의 등하원이 어렵고, 아이에게 무슨 일이 생겨도 쉽게 찾아가기 힘들기 때문이다. 동네 놀이터나 마트 등에서 아이를 데리고 있는 부모에게 직접 묻거나 인터넷 커뮤니티에서 검색해보면, 동네 어린이집의 평판이 어떤지 혹은 어디가 보낼 만한 곳인지 대강 짐작할 수 있다.

'아이사랑'이라는 사이트(www.childcare.go.kr)에서 우리 동네에 어떤 어린이집이 있는지 확인할 수 있고, 어린이집에 관한 상세 정보를 얻을 수 있다. 교사 대 아동 비율, 연령별 아동 수, 유치원 교사 자격증을 보유한 교사가 몇 명인지, 근무 기간이 몇 년인지 등이 기재되어 있다. 자격증을 갖춘 교사가 많고 교사들의 근무 기간이 길다면, 근무 환경이 좋고 교사 만족도가 높다는 것을 의미하므로 좋은 곳일 가능성이 높다.

입소문이나 인터넷 정보를 취합해 괜찮은 어린이집인 듯하면 부모나 조부모가 원장과 상담을 잡고 어린이집을 직접 방문해 궁금한 점을 물어보자. 한 반의 정원은 몇 명인지, 보조 교사가 있는지, 식사 시간과 낮잠 시간은 언제인지 묻고, 특별 활동은 무엇을 하는지, 현장 학습이나 체험 학습을 강조하는지 등을 알아보자. 그리고 원장의 교육관이나 교육 방침은 무엇인지 묻고, 태도를 살피는 것도 좋다. 이 과정에서 부모님이나 조부모님의 의견은 들을 생각도 하지 않고 어린이집의 자랑만 늘어놓는다면 한 번쯤 의심해볼 수 있다.

어린이집을 둘러보면서 보육 교사들의 인상이나 아이들을 대하는 표정과 말투가 어떤지, 아이들과 기본 놀이를 잘하는지 등을 눈

여겨보자. 그리고 CCTV가 설치되었는지, 냉난방 시설은 잘 되어 있는지, 원아 교실이 너무 좁거나 불편하지는 않은지, 부엌과 화장실의 위생 상태는 어떤지도 살펴보자. 특히 코로나19 등 유행성 전염병에 대비해 소독은 철저히 하는지, 아이들의 이부자리 위생은 어떤지도 꼼꼼히 따져보자.

아이가 좋아하고 다닐 만한 곳이라고 판단이 서면 '아이사랑'에 등록하고 입소 대기 신청을 해두는 것이 좋다.

아이의 홀로서기를 위해

어린이집을 보내기로 마음먹었다면, 그 어린이집 생활 계획표에 따라 미리 연습을 시키는 것이 좋다. 어린이집에 가려면 아침에 정해진 시간에 등원하고 낮잠도 정해진 시간에 자야 한다. 따라서 정해진 시간에 일어나고 오후에 한 번 낮잠을 자는 습관을 들여주는 것이 좋다. 배변 훈련이 끝나고 배변 시간까지 조절이 된다면 어린이집에서 편안하게 지낼 수 있다. 어떤 아이는 배변이 힘들어 어린이집에 가기 싫어하기도 한다. 아이들 역시 모르는 사람 앞에서 대소변을 보거나 기저귀를 맡기는 것을 좋아하지 않는다.

아이 혼자 옷을 입고 벗을 수 있어야 적응하기 편하다. 혼자서 밥을 골고루 잘 먹어야 식사 시간이 자유롭고 보육 교사에게 칭찬을 받을 것이다. 아이들은 특히 다른 아이들 앞에서 선생님의 칭찬을 받는 것을 목말라한다. 어린이집에서는 보육 교사 한 명이 여러 아이를 돌보기 때문에 아이들 하나하나에 일일이 신경을 쓰기 힘들다. 그래서 어린이집에서는 아이들의 행동을 통제하고 이를 위해 훈련시킨다. 집에서 제멋대로 굴던 아이들도 집단생활을 하면서 용납되지 않는 행동이 무엇인지 금방 배우고 또래들과 경쟁하게 된다. 보육 교사의 말에 잘 따르는 것도 중요하지만, 단체생활을 하기 위해서는 자기 표현을 적극적으로 하는 것이 필요하다. 친구가 괴롭히는데 싫다고 말을 하지 못하고 선생님에게 도움을 청하지 못한다면 아이는 힘들어진다.

아직 또래와 어울려 놀아보지 않은 아이들은 어색해하고 겉돌 가능성이 높지만, 말로 표현을 하지 못해도 몸짓으로라도 자기 의사를 전할 수 있어야 친구들과 친해질 수 있다. 그리고 밥이 부족해 더 먹고 싶으면 더 달라고 하거나 불편한 점이 있으면 요구해서 상황을 해결해야 한다. 그러기 위해서는 집에서부터 조부모가 미리 알아서 아이의 필요를 채워주지 말고 아이가 자기 표현을 하도록 격려해주자.

아무리 만반의 준비를 해도 막상 어린이집에 가게 되면 아이는 부모나 조부모와 떨어지지 않으려고 울기 마련이다. 그렇지만 운다고 해서 다시 데려오면 안 된다. 우는 아이를 달래주면서 친구들과 재미있게 놀고 조금 있다 만나자고 하며 떼어 놓자. 처음에는 한두 시간 정도 어린이집에서 놀고 오게 하다가 아이가 잘 적응하면 시간을 점점 늘리는 것이 좋다. 어린이집 앞에서 부모나 조부모와 헤어지기 싫다고 떼쓰며 울던 아이도 금세 보육 교사나 친구들과 함께 어울려 잘 놀고, 어느 날부터는 오히려 어린이집에서 더 놀고 집에 가지 않겠다고 할지 모른다. 반면 시간이 지나도 어린이집에 가지 않으려 하는 아이는 굳이 억지로 보내지 말고 좀더 준비를 시킨 후 데려가는 게 좋다.

아이가 어린이집에서 어떻게 지내는지 알지 못하는 부모나 조부모는 보육 교사가 보내준 가정 통신문에 의지해서 아이의 생활을 추측할 수밖에 없다. 그래서 아이에게 "오늘 어린이집에서 무슨 일이 있었어?"라고 묻고 또 묻게 된다. 하지만 돌아오는 답에는 아무 정보도 없을 확률이 높다. 그저 "놀았어요" "몰라요"라고 답하는 아이가 대부분일 것이다. 아이들은 아직 그날 있었던 기억을 꺼내 설명할 능력이 없다. 대신 질문을 바꿔 "오늘 점심에는 김치 먹었어?"라거나 "오늘 OOO이랑 놀았니?"라는 식으로 물으면 아이가 잘 대답할 수 있다. 아이가 말을 해주지 않는다고 답답해하지 말고 구체적으로 질문해보자.

최근 뉴스에서 심심찮게 접하는 어린이집 보육 교사의 아동 학대 사건은 부모나 조부모 마음을 철렁 내려앉게 만든다. 혹시 우리 아이가 그런 일을 당하는 것은 아닌지 염려될 수 있다. 아이를 데리러 갔을 때 선생님을 만나 아이가 오늘은 어떻게 지냈는지, 친하게 지내는 친구는 누구인지, 무엇을 잘하는지 물어보자. 부모나 조부모가 보이는 관심과 사랑은 남이 내 아이를 함부로 대할 수 없게 만드는 힘을 지니고 있다.

아이가 어린이집에 다니게 되면 조부모에게 전적으로 맡겨지던 돌봄이 교육 기관과 나누어 짊어지는 시기로 넘어가면서 조부모 육아의 짐은 한결 가벼워진다. 조부모 노릇의 힘든 고비를 넘긴 것이다.

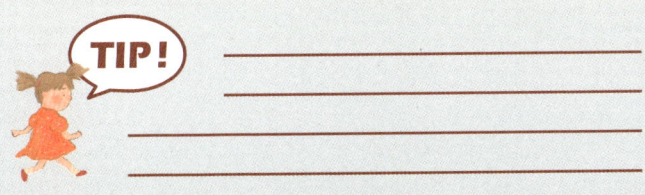

- 어린이집에 등록하기 전, 아이가 가족들과 떨어져 또래 아이들과 어울릴 수 있도록 낯선 사람들을 접하는 연습을 해요.

- 키즈 카페에 가서 놀거나 문화 센터 등의 원데이 클래스나 어린이 프로그램에 참석해 어린이집 환경에 익숙해지도록 해요.

- 어린이집을 고를 때는 집에서 가까운 곳으로, 이웃에게 묻거나 인터넷에서 검색해본 후 선택해요. 아이를 보내기 전에 어린이집에 미리 방문해 직접 보고 확인하는 것도 좋아요.

- 아이가 어린이집의 일과에 적응할 수 있게 집에서도 시간에 맞게 밥을 먹고 낮잠을 자는 게 좋아요. 아이가 자기 의사를 친구나 선생님께 전달할 수 있도록 표현하는 연습을 해요.

- 어린이집에 가지 않으려 떼를 쓴다고 해서 다시 데려오면 안 돼요. 처음에는 몇 시간만 놀게 하다가 데려오고, 점차 시간을 늘리는 게 좋아요.

- 아이가 어린이집에 다니기 시작하면 육아가 좀더 수월해질 거예요. 낮 시간은 여유 있게 보내고, 아이가 어린이집에서 돌아오면 오늘 무엇을 먹었고, 누구와 놀았는지 구체적으로 물어보며 관심을 가져주세요.

"좋은 부모란 아이에게
따뜻한 유년을 물려주는 사람이다."

_ 외르크 치틀라우 Jorg Zittlau

할머니 할아버지에게
아이를 맡기는
엄마 아빠에게

초판 1쇄 인쇄 2021년 4월 26일
초판 1쇄 발행 2021년 5월 4일

지은이 조혜자
펴낸이 김상훈

기획 이예지
편집 이은경
일러스트 비비
디자인 이승은

펴낸곳 도서출판 혼
출판등록 2018년 5월 16일 제406-2018-000055호
주소 서울시 마포구 양화로 72 1324호
전화 010-4765-1556
이메일 tkdgms17@naver.com
출력·인쇄 상지사P&B

ISBN 979-11-90474-03-0 (13590)

- 책값은 뒤표지에 있습니다.
- 파본은 구입하신 서점에서 교환해드립니다.
- 이 책은 저작권법에 의하여 보호를 받는 저작물이므로 무단 전재와 복제를 금합니다.